W0226046

Ein BIO RITTER Ratgeber

Ein BIO RITTER Ratgeber

Gerhard Ritter

PSYCHO-TRAINING

Das kleine Buch vom glücklichen Leben

BIO Ritter GmbH, 82327 Tutzing/Starnberger See

BIO Ritter-Bestseller

H.-D. Bach

Sprechende Gesichter

Erkenne das Antlitz und hilf dem Körper!

Hier werden markante Falten entschlüsselt. Aber auch: Was ist an Nase, Kinn, Ohr, Mund, Stirn oder Pupille zu erkennen? Welchen Einfluß haben Jahreszeiten auf Krankheiten? Was bestimmt die Ausstrahlung? Biologische Therapieempfehlungen folgen der jeweiligen Krankheitsbeschreibung. **Format 170 x 221 mm, 221 Seiten, 60 Farbfotos, gebunden, ISBN 3-920 788-36-2**
€ 22,50

H.-D. Bach

Krankheit und Zunge

Farbatlas und Lehrbuch der Zungendiagnostik

Durch jahrelange praktische Beobachtungen hat H.-D. Bach herausgefunden: Die Zunge zeigt zuverlässig nicht nur organische, sondern auch funktionelle Leiden an. So ist es möglich, ohne aufwendige technische, oft unzuverlässige Hilfsmittel krankhafte Organveränderungen und -schwächen zu diagnostizieren und eine gezielte Therapie zu beginnen. Auf 33 Seiten findet sich ein wertvoller, übersichtlicher Wegweiser für biologische Therapien. **Format: 210x295 mm, 186 Seiten, 87 farbige Abbil-**

dungen, über 500 naturheilkundliche Therapieempfehlungen, ISBN 3-920 788-34-6
€ 50,–

H.-D. Bach

Äußere Kennzeichen innerer Erkrankungen

Antlitzdiagnostik - Visuelle Diagnostik

Das Äußere des menschlichen Körpers einschließlich des Gesichts und der Gliedmaßen ist wie ein Atlas des gesamten Organismus. Auch schwere Erkran-

kungen wie Krebs zeichnen sich schon Jahre vor dem Ausbruch der Krankheit deutlich sichtbar ab.
Diese Signalsprache unseres Organismus hat H.-D. Bach anhand vieler markanter Beispiele dokumentiert.
Format 210x295 mm, 352 Seiten, 360 farbige Abbildungen, umfangreicher Therapieteil mit Krebsfrühzeichen des Antlitzes, ISBN 3-920 788-32-X
€ 92,–

Lothar Boländer

Der 1-Minuten-Körper-Check

Deutschlands größte Boulevard-Zeitung schrieb: „Sportärzte sind begeistert vom 1-Minuten-Körper-Check." Tatsächlich reichen drei- bis fünfmal täglich 60 Sekunden aus, um vital, froh und gesünder zu werden. Lothar Boländer hat es am eigenen Leib bewiesen: mit 48 hoffnungslos krank, beschloß er, ein neues Leben zu beginnen und „verschrieb" sich den 1-Minuten-Körper-Check. Heute ist er passionierter Drachenflieger und rundherum kerngesund. Nachmachen lohnt sich also! **80 Seiten, 103 Farbfotos, Poster zum Ausklappen, ISBN 3-920 788-35-4**
€ 10,50

H.-D. Bach

Sinn der Krankheit

Verborgene Zusammenhänge - Wege zur Gesundheit

Das verschlüsselte Programm für Heilung wird dem Wissenden direkt mit der Krankheit übermittelt. H.-D. Bach hat präzise nachgewiesen, warum bestimmte negative Gefühle ein ganz bestimmtes Organ erkranken lassen. Der Autor zeigt aber auch, welche positiven Empfindungen die Organe gesunden lassen.
Mit ausführlichen naturheilkundlichen Behandlungsempfehlungen, 232 Seiten, broschiert, ISBN 3-924673-02-0
€ 15,50

Fordern Sie auch die informativen Sonderprospekte an

Inhaltsverzeichnis

Einführung 10

Weisheiten 12

1. Kapitel
Das Geheimnis des Glücks 14

2. Kapitel
Ich vergebe mir 25

3. Kapitel
Wir üben Gelassenheit 34

4. Kapitel
Die Feinde unserer Lebensfreude:
Angst und Sorgen 43

5. Kapitel
Was uns unsere Krankheiten sagen wollen 53

6. Kapitel
Depressionen:
Eine Chance zur seelischen Reifung 65

7. Kapitel
Die Wunderkräfte in uns selbst 75

8. Kapitel
Die Probleme dieser Welt 83

9. Kapitel
Harmonie und glückliche Zufälle 92

10. Kapitel
Wer erfolgreich ist, hat Freude am Leben 103

11. Kapitel
Geld macht nicht glücklich 117

Einführung

Irgendwo tief im Inneren spüren Sie es sicher auch: So wie bisher geht es nicht weiter! Auf keinen Fall. Es sind nicht nur die Traumtänzer, die weltfremden Phantasten, die das erkannt haben und sich nach einem menschlicheren, natürlicheren Leben sehnen. Auch diejenigen, die mit beiden Beinen fest auf dem Boden der Tatsachen stehen, haben es gemerkt: *Irgend etwas in unserem Dasein muß sich ändern, damit wir wieder froh werden, damit wir wieder frei atmen können.*

Immer mehr Menschen finden den Mut, alten Ballast abzuwerfen. Unser anerzogenes Falschdenken, unsere Lebenslügen, die wir in unserem Kulturkreis seit Generationen mit uns herumschleppen wie Säcke voller Steine. Jetzt haben wir die Chance, endlich damit Schluß zu machen.

Es ist, als würde in einem Haus, dessen Fenster blind waren, plötzlich ein Licht angeknipst. Irgend etwas in uns kommt zur Besinnung. Wir erinnern uns, daß es noch etwas über uns gibt. Daß es sich im Einklang mit der Schöpfung, mit der Natur sehr viel besser leben läßt, als wenn wir uns selbst und unsere Maschinen zu unseren Göttern machen.

Auch was uns der große Sozialphilosoph Erich Fromm mitgeteilt hat, wird eigentlich erst jetzt, nach seinem Tod, von Millionen Suchenden recht begriffen. Er sagte: *»Zum ersten Mal in der Geschichte hängt das physische Überleben der Menschheit von einer radikalen seelischen Veränderung des Menschen ab.«*

Plötzlich tauchen Namen wie Sri Aurobindo und Heidegger wieder auf, die lange Zeit nur einem Kreis von Insidern bekannt waren. In den USA werden sie heute als die größten Philosophen des Jahrhunderts anerkannt.

Der Psycho-Boom macht auch vor den Volkshochschulen nicht halt. Nie zuvor besuchten so viele Menschen Yoga- und Meditationskurse. Und auch die etablierten Kirchen tragen in ihren Bildungswerken dem Hunger nach Seelennahrung

Rechnung. Auch hier kann man sich mit Yoga, Zen und anderen Meditationspraktiken vertraut machen.

Der Knoten in unseren ach so klugen Köpfen ist endlich gerissen. Wir haben's begriffen: Das sogenannte materielle Denken hat uns nichts weiter eingebracht als Zweifel am Sinn des Daseins und damit psychosomatische Leiden.

Wir meinen, die Zeit ist reif, daß wir etwas unternehmen. Gemeinsam unternehmen, erarbeiten, um ein tragfähiges Fundament für unser Leben zu gewinnen. Aber nicht als Guru und Schüler, als Meister und Lehrling. Sondern auf der Basis dessen, was von den großen Weisen der Vergangenheit und Gegenwart als richtig und wichtig erkannt wurde, um unser einmaliges, kostbares Leben voll auszuschöpfen. Es so zu leben, wie es uns von der Schöpfung, der großen Urkraft eigentlich zugedacht ist.

Um fliegen zu können, muß man wissen, wie das Fliegen vor sich geht. Das Rezept heißt ›Psycho-Training‹, kurz PT genannt. Eine Art ›Schule des Lebens‹, wie sie von Erich Fromm immer gefordert wurde.

Überall auf der Welt ist da etwas in Gang gekommen. Der Suchende ist nicht mehr allein.

Weisheiten

Hier einige Kost-Proben, zeitlos gültige Weisheiten aus dem Heimkurs PSYCHO-TRAINING, den Lektionen für ein besseres, glückliches Leben:

»Sie sind ein Geschöpf der Allmacht. Sie sind, so wie Sie da existieren, etwas völlig Einmaliges. Jeder von uns ist in seiner Art einmalig. Und es gibt niemanden, wahrhaft niemanden, der für sich in Anspruch nehmen darf, mehr wert oder besser zu sein als der andere. Jeder hat von seinem Schöpfer den gleichen Wert mitbekommen. Jeder zählt soviel wie der andere.«

»Den wirklich Erfolgreichen zeichnet vor allem eines aus: Er empfindet seine Tätigkeit nicht als harte Arbeit sondern als Spiel. Sie macht ihm Spaß. Auf diese Weise ist er mit der Quelle seiner Kreativität, seinem Unbewußten verbunden.«

»Ab heute können Ihre Tage ganz anders aussehen als bisher. Sie werden jeden Tag als ein ganz neues Leben betrachten. Als den einmaligen, unwiederbringlichen, unwiederholbaren Zeitabschnitt. Auf diese Weise erhält jeder Tag Ihres Lebens einen ganz neuen Wert. Sie werden nicht immer nur handeln und immerzu nach etwas Neuem greifen. Sie werden zwischen den Handlungen SEIN.

Sie arbeiten beispielsweise fünfundfünfzig Minuten - und die restlichen fünf Minten gehören Ihnen. Ihrem wahren Leben. In diesen fünf Minuten kommen Sie zu sich selbst, finden Sie zu sich selbst zurück.

Werden Sie sich klar darüber, daß Sie leben. Freuen Sie sich ganz einfach darüber, daß Sie da sind. Daß vielleicht draußen die Sonne scheint, daß bizarre Wolken über den Himmel wandern oder Sie mit Ihrer Arbeit gut vorangekommen sind.

Seltsam: Wir machen uns viel zu selten klar, daß wir leben! Daß unser Leben, unsere Existenz ein großes Wunder ist.«

»Mein Mitgefühl mit den anderen, auch wenn sie mir nicht wohlgesonnen sind, wird mir eine ganz neue Freiheit schenken, wird mich sehr viel leichter durchs Leben kommen lassen. Ich bin plötzlich frei von der Bürde, die andere mir aufzuladen versuchen. Ich bin frei von niederziehenden Gedanken, von überflüssigen, zeitraubenden Auseinandersetzungen.

Meine Ruhe, meine Gelassenheit, meine Objektivität im Umgang mit meinen Mitmenschen setzen Energien in mir frei, die ich für mich, für meine täglichen Aufgaben einsetzen kann.«

»Ich will auf Höhepunkte achten, die mir das Leben schenkt. Ich lebe im Hier und Jetzt, genieße den Augenblick. Ich freue mich auch an den kleinen Dingen. Ich bin zufrieden mit dem, was ist.

Ich bin ein Kind des Universums und berechtigt zur Freude. Ich bin ein Wunderwerk der Schöpfung - eingebunden in ihren Plan wie die Sterne, die Bäume, die Schmetterlinge.

Ab sofort lasse ich Gefühle der Freude, des Überschwangs, der kindlichen - vielleicht sogar ›kindischen‹ Unbekümmertheit in mir zu. Ich lasse mir meine unbekümmerte Freude durch nichts und niemand vermiesen.«

»Glück hat auf die Dauer nur derjenige, der gelernt hat, aus der Quelle des kosmischen Bewußtseins Kraft zu tanken, wann immer er sie benötigt. Er wird feststellen, daß er dann nicht nur auf seine Umwelt geradezu magnetisch wirkt. Er wird auch registrieren, daß sich bei ihm die glücklichen ›Zufälle‹ häufen. Er hat in sich so etwas wie einen Magnetismus des Glücks entwickelt.«

»Krankheiten sind Wegweiser. Wenn wir sie als das annehmen, was sie sind, nämlich als Ausdruck eines inneren Un-heil-seins, eines mit uns selber Un-eins-seins, können wir an ihnen reifen. Jedes Wieder-Heilwerden bringt uns ein Stückchen weiter auf unserem Weg zur Selbstverwirklichung.«

1. Kapitel

Das Geheimnis des Glücks

Ich akzeptiere alles so, wie es gerade ist – Probleme lösen sich von selbst – Freude und Leid gehören zusammen – Vereint sein mit dem Fluß des Lebens – Dem Ärger geben wir keine Chance – So hat mein Leben wieder Sinn erhalten – Das Leben kann so einfach sein

Ich akzeptiere alles so, wie es gerade ist

Auch wenn es manchem so ganz und gar nicht gefallen mag: Das Geheimnis aller Geheimnisse heißt *akzeptieren*! Nimm das Leben an, wie das Leben fließt! Es ist gar nicht so schwer. Alles, was du tun mußt, ist, deinen bisherigen Standpunkt zu ändern. Ganz klar, denn die Geschehnisse des Lebens richten sich nicht nach deinen Wünschen. Also mußt du dich nach den Geschehnissen des Lebens richten.

Alles, was ab jetzt auf dich zukommt, darf also so sein, wie es ist. Die Dinge, die Geschehnisse, die Menschen – einfach alles! Was kann dir dann noch passieren? Wovor mußt du dich noch ängstigen?

In der Tat: Lebenskunst ist im Grunde gar nicht so schwer. Wir brauchen nur ein paar unserer alten fehlerhaften Einstellungen zu korrigieren, und schon klappt's mit unserem Leben sehr viel besser. Sorgen und Krankheiten fallen ab von uns wie welke Blätter. Wir fangen tatsächlich an, *Glück* zu haben.

Ein Trick, wirst du vielleicht jetzt denken? Vielleicht, aber ein Trick, den sich viele erfolgreiche Menschen angeeignet haben. Der berühmte Pianist Arthur Rubinstein war einer von jenen Menschen. Er sagte: »Ich bin ganz einfach mit allem einverstanden, was mir zustößt, voll und ganz einverstanden. Das muß man üben, das gelingt einem natürlich nicht sofort. Aber man schafft es. Und wenn dieser Sprung über den eigenen Schatten gelungen ist, dann lebt man in einer ganz neuen Dimension. Man hat dann automatisch Glück. Es ist wie ein Wunder.«

Ja, es ist tatsächlich wie ein Wunder! Für uns, die wir *Psycho-Training* machen, gibt es ab sofort keine Probleme mehr. Ich werde dir zeigen, wie auch du künftig ohne Probleme leben lernst.

Psycho-Training hat für jede Lebenssituation eine Hilfe parat, um diese zu meistern: Wir ändern ganz einfach unsere Einstellung, und alles andere regelt sich *von selbst.*

Ja, du hast richtig gelesen: *von selbst.* Lege jetzt bitte nicht gleich das Buch verärgert zur Seite. Das ist kein düsterer Fatalismus, wie du im ersten Moment vielleicht glauben magst. *Das ist seit Jahrtausenden bewährte Überlebensstrategie,* von den großen Weisen dieser Welt wie beispielsweise Laotse, Christus oder Buddha praktiziert und für gut befunden.

Das heißt keineswegs, daß du von nun an den Kopf in den Sand stecken und allen Schwierigkeiten aus dem Weg gehen sollst. *Von selbst* – damit meine ich: Wenn wir *Psycho-Training* machen, können wir uns jeder Situation furchtlos stellen. Denn wir wissen ja, wenn wir innerlich loslassen, wenn wir uns nicht gegen unser Leben wehren, wie es gerade ist – *es also akzeptieren* –, dann tun wir intuitiv genau das Richtige. Genau das, wie es in dieser Situation für uns richtig ist. Besser gesagt: Nicht wir tun es, sondern *es* handelt aus uns heraus.

Merke dir also die zwei kleinen Worte *von selbst.* Sie werden dir von nun an oft begegnen. Wir lassen ab sofort zu, daß sich vieles *von selbst* erledigt, und beobachten die Abläufe des Geschehens. Auf diese Weise sparen wir uns viel kostbare Energie, die wir zur Bewältigung unserer täglichen Aufgaben so dringend benötigen.

wie sie nun einmal sind und im Augenblick nicht anders sein können.

Der japanische Zen-Meister Eido Shimano Roshi, der heute in den USA lebt, sagt dazu: »Dinge sind, wie sie sind, und können nicht anders sein.« Macht das einen fatalistischen, wenn nicht sogar nihilistischen Eindruck? Aber die nackte Tatsache ist, daß die Dinge hier und jetzt so sind, wie sie sind, und nicht anders sein können. Zu sitzen, zu gehen, ja sogar zu stolpern und hinzufallen – ist nichts anderes als der vollkommene Weg selbst. Zu schweigen, zu lachen, ja sogar zu schreien – ist der vollkommene Weg. Jede Handlung ist der vollkommene Weg. Hast du dies einmal begriffen, brauchst du dir keine Gedanken mehr darüber zu machen, ob du nun unvollkommen bist oder nicht. Also müssen wir unsere Definition von Vollkommenheit ändern.

Vereint sein mit dem Fluß des Lebens

»Sorgenfrei segelt ein Blatt
auf den Wellen,
das Geheimnis gefunden –
es folgt dem Strom.«

(Alte Zen-Weisheit)

Was heißt das, wirst du vielleicht jetzt fragen. Nun, es bedeutet nicht mehr und nicht weniger: Wenn es dir gelingt, dich vom Strom des Lebens treiben zu lassen – so wie ein abgefallenes Blatt auf dem Fluß treibt –, wenn dir das wirklich gelingt, dann hast du das Geheimnis der Geheimnisse gefunden, dann bist du ohne Sorgen!

Bei uns westlich erzogenen Menschen ruft allein schon die Vorstellung eines ›Sich-treiben-Lassens‹ Ablehnung hervor.

Sich einfach treiben lassen? Ja, das ist doch gerade das, was man *nicht* tun soll! Führt so etwas nicht zu Müßiggang, der ja bekanntlich ›aller Laster Anfang‹ ist?

Ach, wir armen westlich erzogenen Menschen! Mit wie vielen Lebenslügen wurden wir gefüttert – und werden wir auch ständig heute noch konfrontiert. Und wie viele unserer seelischen Wunden und körperlichen Beschwerden haben wir diesen falschen Wahrheiten zu verdanken?

Warum also nicht treiben lassen auf dem Fluß des Lebens? Das ›Einswerden‹ mit dem Fluß des Geschehens meinten die Weisen früherer Zeiten damit. Einswerden mit dem, was hier und jetzt geschieht.

»In Kommunion sein mit dem Leben«, nennt es Krishnamurti. In Kommunion sein – damit meint er: vereint sein mit dem Fluß des Lebens, sich ihm vertrauensvoll anheimgeben, sich mittragen lassen von seinen breiten, behäbigen Wassern, aber auch von seinen brodelnden Stromschnellen, seinen schäumenden Wasserfällen.

Ein Mensch, der kämpft, der sich voller Panik wehrt, der geht unter im Fluß, der ertrinkt. *Wer sich ohne Anstrengung oben auf dem Wasser treiben zu lassen vermag, der wird mitgetragen vom Fluß und wohlbehalten ans Ziel gelangen.*

Also laß ich das, *was ist*, ohne Einschränkung zu. Ich beobachte mit wacher Aufmerksamkeit. Und ich beginne zu ahnen, was Erleuchtung ist. Die Wahrheit des Lebens beginnt plötzlich aufzuleuchten. In den großen, in den kleinen und in den allerkleinsten Begebenheiten meines Alltags.

Ich erlaube den Dingen zu sein, *wie sie sein wollen*. Auch dem Mißgeschick erlaube ich zu sein. Auch meiner schlechten Stimmung erlaube ich zu sein. Auch der Bosheit, die mir entgegengebracht wird, erlaube ich zu sein. Und damit vollziehe ich gleichzeitig eine große Verwandlung.

Vor beinahe 2000 Jahren hat der große griechische Philosoph Epiktet das, was wir heute im *Psycho-Training* lernen, so formuliert: »Es gibt nur einen Weg zum Glück, und der besteht darin, sich nicht über Dinge zu sorgen, die sich der Beeinflussung durch unseren Willen entziehen.«

Dem Ärger geben wir keine Chance

Stell dir vor, du sitzt draußen auf dem Balkon, es ist Feierabend, und du freust dich auf die Stille und das neue Buch, das du dir heute gekauft hast.

Plötzlich fängt ein Hubschrauber an, seine Kreise zu ziehen, und schreckliche, vibrierende, schmerzhafte Geräusche zerreißen die Stille.

Ist dies ein Grund zum Ärgern? Nein, für uns ganz gewiß nicht! Früher hätten wir uns vielleicht darüber geärgert. Heute ist uns dieser Hubschrauber eine *willkommene Übung*!

Denn: Das Übungsfeld für Psycho-Training ist der Alltag! Nimm jede Gelegenheit wahr, deine neue Einstellung zu üben! Und deine neue Einstellung ist: *Ich nehme alles so, wie es kommt.*

Oder sollten wir etwa schon kapitulieren, weil uns der Lärm eines Hubschraubers stört? Oder spielende Kinder? Oder bellende Hunde? Nein, wir ganz gewiß nicht! Gerade das sind ja willkommene Anlässe für uns, unser totales Akzeptieren im täglichen Leben zu üben.

Auch wenn der Chef mit uns rummeckert, der Straßenbahnschaffner mürrisch ist, der Nachbar unfreundlich oder wenn gar der Gerichtsvollzieher vor der Türe steht: Das kann uns nicht mehr aus der Ruhe bringen. *Wir werden total eins mit jeglichem Geschehen!*

Wenn du dich für einen Aufenthalt in einem Zen-Kloster entscheidest, wirst du immer wieder den Satz hören: »Einswerden üben, Einswerden üben, Einswerden üben!«

Einswerden bedeutet: Eine Einheit zu bilden, mit dem, was gerade ist. Also: *Ich will, was ist.*

Ich, der Beobachter der Szene, bin identisch mit dem Geschehen draußen. Der Beobachter und das Beobachtete sind miteinander identisch.

Für uns westlich erzogene Menschen ist es nicht einfach, unser Leben auf diese Weise zu interpretieren. Innen und außen vereinigen sich zu einem Ganzen, zu einem *Sein.*

Im Falle des Hubschraubers bedeutet das präzise: Ich höre ein Geräusch. Dieses Geräusch ist ein fester Bestandteil meines augenblicklichen Lebens. Ich bin doch eigentlich nur das, was gerade *ist*. Und zu dem, was gerade *ist*, gehört auch das Geräusch oder die bellenden Hunde oder der unfreundliche Nachbar oder der meckernde Chef oder der Brief vom Finanzamt oder ...

So hat mein Leben wieder Sinn erhalten

Dank *Psycho-Training* hat Herr Dr. Rudolf W. aus Bad Godesberg eine schwere Krise überwunden. Er schrieb uns dazu den folgenden Brief:

»*Psycho-Training* war mein Rettungsanker. Nach einem überstandenen Herzinfarkt fühlte ich mich krank, unglücklich und ohne Ziel. Ich hatte Probleme mit meiner Frau, mit meiner Firma, und alles erschien mir sinnlos. Nicht selten kam mir der Gedanke, mit allem Schluß zu machen.

Dann fiel mir *Psycho-Training* in die Hände. Was ich hier las, war ebenso einfach wie wirkungsvoll. Das ganze ›Geheimnis‹ um glücklich zu sein, heißt: *Akzeptieren*. Akzeptiere alles in deinem Leben, so, wie es gerade *ist*. Auch deine Probleme und Krankheiten. Bisher hatte ich immer nur an meinen Betrieb, den Umsatz, das Geldverdienen gedacht. Ich ließ Vernunft und Verstand walten und wollte partout immer mit dem Kopf durch die Wand. Und wohin hatte mich dieses Verhalten gebracht? An den Rand des Ruins.

Und nun las ich vom *Akzeptieren*. So einfach, so wahnsinnig einfach! Herrgott ja, warum kann denn der Mensch nicht das akzeptieren, das annehmen, was ihm widerfährt? Wir wollen doch immer etwas anderes als das, was gerade ist. Das ist die Ursache unseres Unglücks! Unser Verstand will immer alles besser wissen. Aber wo ist die Menschheit gelandet, die vergessen hat, daß es noch einen Gott gibt, der unser Schicksal lenkt?

Seit ich *Psycho-Training* mache, lebe ich nach dem Motto: *Ich akzeptiere alles. Ich will, wie es ist, und will nicht, wie es nicht ist.* Ich fahre dabei großartig. Keine Spur mehr von Herzinfarkt, keine Idee mehr an Scheidung, kein Ärger mehr im Geschäft. *Ich bin bescheidener geworden, sehr, sehr viel glücklicher – und total wunschlos.«*

Das Leben kann so einfach sein

Alles ist so, wie es im Augenblick ist, in Ordnung! Ich gebe dem Geschehen dieses Augenblicks einfach meine Zustimmung und gewinne dadurch schlagartig, wie durch Zauberei, eine grandiose Freiheit, eine nie gekannte Zufriedenheit.

Und so manchem, der über diese Dinge noch ein bißchen weiter nachdenkt, wird plötzlich ein Licht aufgehen: *Ja aber, wenn das so ist, dann ist doch eigentlich jeder Augenblick unseres Lebens in sich vollkommen!*

Genau! Das ist er! Wir alle und alles um uns herum sind in den Plan des Göttlichen eingebettet. So gibt es im Grunde keine Unvollkommenheit. Du bist nicht der erste, der jetzt nach diesem ›Befreiungsakt‹ mit Verwunderung feststellt: *So einfach kann das Leben sein!*

Du sagst dir also jetzt und immer wieder: *Alles darf so sein, wie es ist.* Ich gebe zu allem meine Zustimmung. Ich nehme alle Dinge so, wie sie nun einmal sind. Ich behindere den Lauf des Lebens nicht mehr. Ich werde Zuschauer . . .

»Ich habe das Gefühl, ein paar Fuß über dem Boden zu schweben«, sagte ein Roshi in Japan, als er vor zehn Jahren zu dieser Einsicht kam.

In der Tat: Alles wird leichter. Plötzlich marschieren wir ohne Gepäck durch die Welt, durch das Leben. Ohne den Rucksack voller Steine, die wir unentwegt mit uns herumgeschleppt haben und die nichts weiter waren als unsere Sorgen, unsere Probleme . . .

Du kennst es jetzt, das Geheimnis der Geheimnisse. Es lautet: *Alles zu erlauben, alles zu akzeptieren!*

Und warum erlauben wir alles? Weil wir ohnehin nichts an dem zu ändern vermögen, was geschieht!

Die Zukunft können wir nicht durch noch so viele Sorgen beeinflussen. Niemals! Nicht du bist der Herr deines Schicksals. Kommt es nicht oft ganz anders, als man denkt? ›Der Mensch denkt, und Gott lenkt‹, sagt eine alte Volksweisheit. Auch du hast sicher schon diese Erfahrung gemacht.

Du kannst dem Rad des Schicksals nicht in die Speichen greifen. Du änderst den Ablauf der Geschehnisse nicht, auch wenn du noch so sehr dagegen protestierst. Religiös zu sein, heißt, gelernt zu haben, begriffen zu haben, *daß du zulassen mußt, was Gott will.*

Ich möchte an dieser Stelle wieder Epiktet, den großen griechischen Philosophen zitieren. Er sagte: »Bedenke, daß du nur Schauspieler bist in einem Stück, das der Spielleiter bestimmt.«

Nicht du bist der Handelnde. Immer ist Gott der Handelnde. Herr, Dein Wille geschehe!

Auch wenn du das im Augenblick nicht ganz einzusehen vermagst: Diese Tatsache ist unabänderlich. Du kannst nie und nimmer gegen den Fluß des Lebens ankämpfen. Nie und nimmer!

Also: Gib dein Einverständnis! *Auch negative Umstände dürfen so sein.* Auch sie haben eine ganz natürliche Daseinsberechtigung, wie Regen und Sonne, Berg und Tal, Tag und Nacht.

Die Dinge, die Umstände dürfen so sein, wie sie sind ... Und augenblicklich fallen alle Probleme unter den Tisch. *Es gibt sie nicht mehr!*

Dinge, die geschehen sollen, geschehen ja ohnehin. Jetzt aber nicht mehr gegen deinen Widerstand, sondern mit deinem Einverständnis. Und das ist ein himmelweiter Unterschied!

Du wirst schon sehr bald merken, wie viele Energien du dir durch deine geänderte Einstellung sparst. Wieviel mehr

Zeit dir plötzlich für die wirklich wichtigen Dinge des Lebens bleibt. *Wie dein Leben dadurch harmonischer, zufriedener und glücklicher wird.*

2. Kapitel

Ich vergebe mir

Versöhne dich mit deiner Vergangenheit! – Frei von Schuld und Schmerz – Schluß mit Minderwertigkeitsgefühlen! – Verwöhne dich selbst und beginne endlich zu leben! – Öffne dein Herz der Freude!

Nun, da wir wissen, daß das Geheimnis des Glücklichseins im *Akzeptieren* liegt, warum sollten wir dann nicht endlich damit beginnen, uns *selbst* zu *akzeptieren*? Uns so zu akzeptieren, wie wir nun einmal sind? Und wie wir im Augenblick auch gar nicht anders sein können?

Sicher: Wir wollen an uns arbeiten, und gewiß wirst du durch *Psycho-Training* schon nach wenigen Wochen ein ganz anderer Mensch sein. Aber heute bist du der, der du bist. Und du kannst auch gar nicht anders sein, als du im Augenblick bist.

Schließen wir daher endlich Frieden mit uns selbst! Hadern wir nicht länger mit den dunklen Punkten unserer Vergangenheit!

Akzeptieren wir auch unsere Fehler und Schwächen! Denn: Sich selbst vergeben zu können, gehört zu den wichtigsten Voraussetzungen für ein harmonisches, glückliches Leben!

Fehler gehören nun einmal zu unserem Dasein als Erdenbürger. Was immer wir auch getan haben: Schließen wir Frieden mit uns selbst! Zu unserem eigenen Wohl und zum Wohle unserer Umwelt. Denn nur wenn ich mich selbst mit meinen Fehlern akzeptieren kann, kann ich auch meine Mitmenschen mit ihren Unzulänglichkeiten akzeptieren.

Ab heute änderst du einfach deinen Standpunkt. Auch wenn es für viele ketzerisch, ja unmoralisch klingen mag: Es gibt nichts zu bereuen, was hinter dir liegt. Auch diese ›dunklen‹ Seiten gehören zu unserem Leben. Haben uns erst zu dem gemacht, was wir heute sind.

Nur das Heute ist es, was wirklich zählt. Und von diesem heutigen Tag, von dieser Minute, von diesem Augenblick an, akzeptierst du dich selbst als den, *der du im Augenblick bist.*

Versöhne dich mit deiner Vergangenheit!

Was immer auch in der Vergangenheit gewesen sein mag, es ist im wahrsten Sinne des Wortes ver-gangen! Weder Grübeln und Analysieren noch Rechtfertigungen und Selbstvorwürfe können daran etwas ändern. Sie untergraben lediglich unsere Lebensfreude.

Und das sogenannte ›schlechte Gewissen‹ ändert auch nichts an dem, was einmal war. Was nützen denn beispielsweise einer ungetreuen Ehefrau die heimlichen Selbstvorwürfe, mit denen sie sich noch zehn Jahre nach dem Seitensprung mit einer Urlaubsbekanntschaft quält? Durch ihre Gewissensbisse leidet nur die häusliche Atmosphäre und letzten Endes auch ihre Gesundheit.

Du sollst wissen: Gott hat uns längst vergeben. Ganz bestimmt. Er ›denkt‹ in ganz anderen Kategorien. Ob die Menschen dir vergeben, das sollte dich nicht interessieren. Denn, wie gesagt, an dem, was passiert ist, läßt sich nichts mehr ändern. Was du jedoch sehr wohl ändern kannst, ist deine Einstellung dazu.

Zieh also sofort einen dicken Strich unter deine Vergangenheit – unter alle deine Fehler von gestern. Und mache dir klar: Alles konnte gar nicht anders sein, als es gewesen ist.

Vielleicht wirst du jetzt den Kopf schütteln und einwenden: Aber so, wie ich heute bin, so bin ich ganz und gar nicht zufrieden mit mir. Ja, wenn ich jünger, gesünder oder schlanker wäre, wenn ich mehr Geld verdienen würde oder einen interessanteren Beruf hätte, wenn ich manchmal nicht so schlecht gelaunt, deprimiert oder ungeduldig wäre, wenn ich mir nicht so viele Sorgen um die Zukunft machen müßte, wenn ich nicht so oft an meinen guten Vorsätzen scheitern würde, wenn das ganze Leben bloß ein bißchen leichter und schöner für mich wäre . . . Diese vielen ›Wenns‹ ließen sich beliebig fortsetzen. Und was würde dies an deiner augenblicklichen Situation ändern? Nichts, rein gar nichts!

Was ergibt sich als logische Konsequenz daraus? *Keine Macht der Erde kann etwas an deinem jetzigen Zustand ändern.* Wir reden nicht davon, was in der nächsten Stunde geschieht oder was morgen sein kann. Wir reden alleine, ganz alleine von diesem Augenblick.

Du bist im Moment derjenige, der du bist. Mit all deinen Pluspunkten und deinen schwachen Seiten. Und du hast nun die Wahl, diese Tatsache zu akzeptieren oder nicht zu akzeptieren.

Es ist wohl nicht schwer zu erraten, mit welcher Einstellung es sich besser leben läßt. Deshalb rate ich dir dringend: *Akzeptiere dein momentanes So-Sein! Sei total damit einverstanden.*

Wer sich ständig danach sehnt, ein anderer zu sein, wer immer irgendwelchen Ereignissen in der Vergangenheit nachtrauert oder sich mit Zukunftsträumen beschäftigt, versäumt es, diesen einen, einzigartigen, unwiederbringlichen Augenblick auszukosten, der unser eigentliches Leben ausmacht.

Und so gehen die Jahre dahin. Wir häufen Bitterkeit auf Bitterkeit, stochern in den Enttäuschungen unserer Vergangenheit und leiden unter den Sorgen von morgen. Wir kränken uns über uns selbst oder unsere Umwelt und vergeuden unser einmaliges, kostbares Leben an banale Widerwärtigkeiten. Wollen wir das wirklich?

Nein, wir, die wir Psycho-Training machen, haben uns zu einem anderen Weg entschlossen. Wir wählen die Freude und das Glück, die Harmonie, den Frieden und die Liebe. All das kann man lernen, wenn man es wirklich will.

Frei von Schuld und Schmerz

Was ist es überhaupt, was wir Schuld nennen? Und wer ist der Richter? Wer wagt es, über andere zu richten?

Auch schuldig zu werden, ist menschlich, gehört zu unserem Dasein. Wie gesagt: Wir haben alle unsere dunklen Punkte.

Wie es Frau Heidrun S. aus Hameln nach einem tragischen Unglücksfall wieder gelungen ist, Hoffnung für ihr Leben zu schöpfen, hat sie uns in einem erschütternden Brief geschrieben:

»Mein Gott, was hatte ich mir für Selbstvorwürfe gemacht, als vor acht Jahren mein kleiner Sohn starb! Warum war ich in Urlaub gefahren, obwohl der Junge so erkältet war? Wie konnte ich das Kind der Oma überlassen und mich auf den Kanarischen Inseln mit einem fremden Mann vergnügen? Als ich an dem kleinen Grab stand, wäre ich am liebsten mit hineingesprungen. Die Worte des Priesters klangen wie ein einziger Hohn auf meinen Schmerz . . .

Ich hatte alle Freude am Leben verloren, begann zu trinken, nahm Tabletten und wollte aus dem Leben scheiden. Dann stieß ich auf den Kurs *Psycho-Training*. Es war, als würde in mir ein Licht angezündet, ein Licht der Hoffnung! Als ich mich mit dem Thema ›Wir müssen uns vergeben lernen‹ beschäftigte, weinte ich die ganze Nacht. Und als dann Gerhard Ritter bei einer Veranstaltung in Garmisch zum selben Thema sprach, war jedes seiner Worte Balsam für meine gequälte Seele. Er sagte: ›Es ist so, wie es ist ist. Alles mußte so kommen, wie es gekommen ist. Die sogenannte Reue hat noch keinem einzigen Menschen auf dieser Welt geholfen . . .‹

Mein Leben hatte wieder einen Sinn erhalten. Ich frage mich, warum *Psycho-Training* nicht in den Schulen eingeführt wird. Dies scheint mir wichtiger als Erdkunde zu sein.«

Schluß mit Minderwertigkeitsgefühlen!

Viele von uns haben Hemmungen, Gefühle der Unzulänglichkeit und Minderwertigkeit.

So manch einer leidet darunter, daß er stottert. Ein anderer wiederum, weil er rot anläuft wie eine reife Tomate, wenn er angesprochen wird. Oder man schämt sich, weil man schüchtern und kontaktarm ist. Auch Herzklopfen oder feuchte Hände vor einem wichtigen Gespräch verursachen so manchen Menschen Minderwertigkeitsgefühle.

Andere wiederum sorgen sich darum, was wohl der Chef, die Nachbarn, Verwandte und Freunde dazu sagen würden, wenn sie wüßten, daß man gerade Probleme mit den Kindern, dem Ehemann, mit dem lieben Geld oder mit sonst etwas hat.

Diese Beispiele ließen sich beliebig fortsetzen. Aber was profitieren wir davon, wenn wir uns weiterhin unsere eigenen Unzulänglichkeiten vor Augen halten? Nichts, rein gar nichts. Darum machen wir uns jetzt sofort eines klar: *Wir sind geschaffen worden. Wir sind Geschöpfe der Allmacht. Jeder von uns ist in seiner Art einmalig. Jeder hat von seinem Schöpfer den gleichen Wert mitbekommen. Jeder zählt soviel wie der andere. Und es gibt niemanden, wahrhaftig niemanden, der für sich in Anspruch nehmen darf, mehr wert oder besser zu sein als der andere.*

Wenn dir das einmal bewußt ist, dann haben auch deine Hemmungen, deine Komplexe einen Sinn. Denn du weißt ja: Nichts konnte anders sein, als es war.

Solltest du also unter irgendwelchen Minderwertigkeitsgefühlen leiden, dann, bitte, akzeptiere diese, wie sie sind. Gestatte dir ganz einfach, einen roten Kopf oder Herzklopfen zu bekommen! Laß es zu, daß du stotterst! Wen könnte das stören?

Der Witz ist: Es stört niemanden. Und nun das Verblüffende: In dem Moment, in dem ich mir das Rotwerden, die Hemmungen, das Stottern, meine Angst gestatte – nichts dagegen einzuwenden habe, *es also akzeptiere* –, im selben

Moment hören alle diese Dinge auf zu existieren! Sie sind verschwunden – wie durch Zauberei. Der Nährboden, auf dem sie gedeihen konnten, war mein Widerstreben.

Mein Einverständnis aber mit mir, mit diesem meinem So-Sein, macht meinen Minderwertigkeitsgefühlen sofort den Garaus.

Es ergeben sich täglich Gelegenheiten, wo wir uns erproben können. Wo wir einen Sieg über uns selbst erringen können. Einen Sieg, der wiederum unser Selbstvertrauen und damit unsere Lebensfreude steigert.

Das Selbstvertrauen fällt einem nicht so einfach in den Schoß. Man muß es üben, wie jede andere Fertigkeit auch, zum Beispiel Schachspielen, Eislaufen oder Klavierspielen.

Das beste Übungsfeld ist der Alltag mit seinen kleineren und größeren Schwierigkeiten. Stell dich diesen Schwierigkeiten! Schon bald wirst du dann feststellen, daß es dir mit jedem Sieg leichter fällt, dich gegen das Diktat der negativen Kräfte durchzusetzen.

Und das Ergebnis: Ein wunderbares Gefühl von Freiheit und Unabhängigkeit wird dich anstelle von Angst, Hemmungen und Minderwertigkeitsgefühlen erfüllen.

> »Mancher Mensch verdankt den Aufschwung seines Lebens, seine hohe Leistung und Energie, einem Minderwertigkeitskomplex. Entscheidend ist immer, was wir aus dem Komplex machen.«
>
> (Erna Endres)

Verwöhne dich selbst und beginne endlich zu leben!

Du hast dich lange genug herumgeplagt. Es ist kein Zufall, daß du dieses Buch in die Hand bekommst. Es gibt keine Zufälle in diesem Leben.

Es ist also allerhöchste Zeit, daß du damit beginnst, dich selbst zu verwöhnen. Sag nicht, du könntest das nicht. Sag nicht, die Umstände erlaubten dir das nicht. Du fängst ja jetzt ein ganz neues Leben an. Und mit diesem neuen Leben kommst du zu ganz neuen Einsichten, zu neuen Standpunkten, zu neuen Erfahrungen.

Wenn ich dir rate, damit anzufangen, dich zu verwöhnen, dann gönne dir zunächst einmal *Ruhe*. Hol tief Luft, schalte ab, entspanne dich. Entspanne deine Muskeln, entspanne deinen *Geist*. Mit einem Wort: Komm zunächst einmal zu dir selbst! Entdecke dich selbst.

Ja, da bist du nun. Ein Mensch, der so und so lange auf dieser Welt ist. Aber *wer bist du eigentlich*? Stell keine Fragen. Du weißt nicht, wer du bist. Du wirst es niemals wissen. Und: Du willst es auch gar nicht wissen. Aber: *Du lebst*. Du bist geboren worden. Du hast dir das nicht ausgesucht und nicht gewünscht. Du kamst aus dem Irgendwo, und du gehst wieder dorthin zurück.

Aber du lebst. Du lebst jetzt. Du hast einen Körper und du hast einen Verstand. Und du hast deine Gefühle. Bist du dir dessen eigentlich bewußt?

Die meisten von uns leben einfach nur so dahin. Aber in Wirklichkeit *leben* sie gar nicht. Sie vegetieren dahin in einer Art Halbschlaf.

Wach auf, mein Freund! Fang an zu leben! Mach dieses Spiel mit, das dir angeboten wird. Fang endlich an, dich selbst zu verwöhnen! Sei einfach gut zu dir. Gut zu deinem Körper, gut zu deiner Seele. Irgendwann wirst du merken, daß, wenn du dich selbst liebst, du auch mit deiner Umwelt sehr viel besser klarkommst.

Ein Mensch, der heiter ist, weil er es sich gutgehen läßt, ist auch für seine Mitmenschen ein Gewinn. Mach dir klar: Du hast ein Recht auf Lebensfreude. Es ist eine Wechselwirkung, eine Gesetzmäßigkeit. Wer Lebensfreude ausstrahlt, zu dem kommt sie zurück.

Fang also an, deine Seele zu entdecken. Fang an, dir die Schönheiten dieser Welt bewußt zu machen. Fang an, dich zu freuen, zu lieben, zu tanzen, zu wandern, zu musizieren.

Fang aber vor allem damit an, immer öfter einmal *gar nichts zu tun*!

Müßiggang ist aller Laster Anfang? Vergiß diesen Blödsinn! Müßiggang ist der Anfang aller Lebenskunst. Hab Mut zur Muße! Hab Mut zum Nichtstun! Fang an, dich zu verwöhnen. Das heißt: Fang zunächst einmal damit an, dein tägliches Einerlei zu unterbrechen. Die Routine hat dich krank gemacht. Das ›Einerlei‹ ohne Höhen, ohne Tiefen hat dich kaputtgemacht.

Halt an, mein Freund, halt – ein! Du mußt nicht immerzu ›irgend etwas‹ tun! Gut, du gehst zur Arbeit. Aber wenn die Arbeit vorüber ist, dann, bitteschön, gönn dir das Nichts-Tun, die Muße. Fang an, dich zu verwöhnen: Fang an zu faulenzen. Fang an, das zu tun, was *du* immer schon so gerne einmal tun wolltest. Freizeit heißt frei sein. Frei sein von allen Zwängen. Niemand verlangt von dir, daß du immerzu Rücksichten auf andere nehmen mußt. *Dies ist dein Leben!* Freue dich daran, und sei gut zu dir selbst!

Lerne, allein sein zu können. Sei öfter mal allein! Manche Leute sind heute bereits derart neurotisch, daß ihnen das Alleinsein schwerfällt. Alleinsein aber heißt: Mit allem eins zu sein. ›All-eins‹-sein. Alles ist eins. Ich fühle mich dazugehörig zum großen Geschehen, zur wunderbaren Schöpfung. Ich bin das, was gerade ist. Ich will es so, wie es *ist*, wie *es für mich ist* – und nicht, wie es euch gefällt.

Gelassenheit hat mit ›Lassen‹ zu tun. Meine neue Gelassenheit, die mir *Psycho-Training* schenkt, bedeutet: Ich lasse mich, ich lasse die Dinge, ich lasse die Umstände, *wie sie im Moment sind.* Ich greife nicht immerzu nach etwas Neuem.

Ich fange an, mich selbst zu verwöhnen. Ich fange an, das zu tun, was mir Spaß macht. Ich suche mir die Leute aus, mit denen ich verkehren möchte. Ich brauche keine Ermahnungen und keine Befehle mehr: Ich bin ich. Ich tue, was mir gefällt, wenn es dem anderen nicht schadet.

Öffne dein Herz der Freude!

Öffne dich diesem großen Mysterium, diesem großen Wunder, in das uns der Schöpfer hineingestellt hat. Freue dich, daß du teil hast an diesem Wunder. Hast du überhaupt schon begriffen, daß du inmitten eines unfaßbaren Wunders lebst?

Wenn du auf einer blumenübersäten Wiese liegst, dem Rauschen des Windes in den Baumwipfeln oder dem Summen der Bienen lauschst, kann ganz plötzlich eine unbeschreibliche Verzückung, eine große Seligkeit dein Herz erwärmen. Und mit all deinen Sinnen wirst du dir der Schönheit dieser Schöpfung bewußt.

Weißt du nun, daß du selbst ein Teil dieses Wunders bist? Daß du als Kind dieser Welt total in Ordnung und eins mit ihr bist?

Nimm dir Muße für die Wunder dieser Schöpfung. Nur in der Muße findest du das Staunen wieder. Hast du das Staunen gefunden, hast du Gott gefunden. Und ein beseligendes Gefühl der Geborgenheit im großen Ganzen wird dich erfüllen.

Ein Leben füllt nicht
hundert Jahre,
doch immer ist es voll
von tausend Jahren Sorge.
Der Mittag kurz und
bitter lang die Nächte!
Warum nicht greifst du
nach der Lampe,
gehst die kurzen Freuden dir
zu suchen,
wenn nicht heute?
Was willst du warten
Jahr um Jahr?

Chinesischer Weiser
der Han-Dynastie

3. Kapitel

Wir üben Gelassenheit

Gelassenheit kommt von ›Lassen‹ – Heiterkeit statt Hektik – Jeder Tag ist ein einmaliger Tag – eine Meditation – Warum lassen wir unsere Zeit verkümmern? – Nur in der Stille können wir aufwachen

Hast du schon einmal eine Katze beobachtet? Wie friedlich sie daliegt, wie harmonisch ihre Bewegungen sind, wie wenig sie sich anstrengt ...? Wenn die Katze Hunger hat, dann frißt sie. Wenn sie ein bestimmtes Bedürfnis hat, dann geht sie vor die Türe. Wenn sie müde ist, dann schläft sie. Wie herrlich entspannt Katzen daliegen, wenn sie schlafen ...

Wir Menschen können von Katzen viel lernen. Wir sind immerzu in Bewegung. Ist eine Sache erledigt, dann machen wir gleich die nächste. Oder wir werden ganz konfus bei dem Gedanken daran, was unbedingt heute noch erledigt werden muß.

Ruhig dasitzen? Einmal gar nichts tun? Sich einfach entspannen und zur Ruhe kommen? Das können viele von uns überhaupt nicht mehr. Oder es fällt uns zumindest schwer. Unser Leben besteht fast ausschließlich aus einer Aneinanderreihung von Beschäftigungen. Und dabei rinnt uns das Leben, unser einmaliges, kostbares, unwiederbringliches Leben wie Sand durch die Finger.

Was die Katze uns so wunderbar vormacht – wir haben es verlernt, dieses Gar-nichts-Tun, diese herrliche Gelassenheit! Und dabei ist es doch eine erwiesene Tatsache: Wer aus der Gelassenheit heraus arbeitet, tätig ist, der ist doppelt aktiv, doppelt erfolgreich, doppelt kreativ. Viele Menschen verdanken ihren Erfolg im Leben und im Beruf ihrer

Gelassenheit. Ihrer Fähigkeit, von den Geschehnissen Abstand zu gewinnen. *Sie zuzulassen, wie sie nun mal sind.* Und die Ruhe in sich selbst wiederherzustellen.

Ab heute nehmen wir uns also ganz fest vor: Wir üben Gelassenheit!

Bei jeder sich bietenden Gelegenheit unseres Alltags üben wir Gelassenheit. Schon bald wirst du dann feststellen, wie viele wertvolle Energien du durch deine Gelassenheit gewinnst. Wie dir alles viel besser und müheloser gelingt. Wie sich dein körperliches und seelisches Wohlbefinden von Tag zu Tag steigert.

Voraussetzung dafür ist allerdings, daß du nicht müde wirst bei deinen Bemühungen, Gelassenheit zu üben. Denn, was für jede Fertigkeit, für jede Kunst gilt, trifft auch auf die Gelassenheit zu: ›Übung macht den Meister.‹ *Psycho-Training* zeigt dir in diesem Kapitel, wie es dir gelingt, eine weitere Hürde auf deinem Weg zum Lebenskünstler zu nehmen.

Gelassenheit kommt von ›Lassen‹

In dem Wort Gelassenheit steckt der Begriff ›Lassen‹. Also: Von nun an *lassen* wir uns weder aufregen noch überrumpeln noch kränken. Bei all unseren täglichen Verrichtungen *lassen* wir uns mehr Zeit. Beim Essen, bei der Arbeit, bei Gesprächen mit anderen, beim Autofahren, beim Kochen, beim Telefonieren, beim Umgang mit anderen Menschen ...

Wir *lassen* uns nicht mehr durch den Alltagstrott hetzen. Wir üben ab sofort Gelassenheit. Wann immer sich die Möglichkeit dazu bietet.

Wenn wir vielleicht bisher am Morgen immer Hals über Kopf aus dem Haus gestürzt sind, uns keine Zeit für das Frühstück nahmen und schon gestreßt an unserem Arbeitsplatz ankamen, dann war dies meist kein guter Tagesbeginn. Und nicht selten ließ uns die Hektik dann auch den ganzen

Tag nicht mehr los, begleitete uns in den Feierabend hinein. Und wieder war uns ein Tag unseres einmaligen, unwiederbringlichen Lebens abhanden gekommen. War förmlich untergegangen in den Plagen des Alltags, in Streß und Hektik.

Ab jetzt ist das anders: Wir stehen morgens etwas früher auf. Wir *lassen* uns Zeit bei der Morgentoilette, beim Frühstück. Wir machen alles ruhig und gelassen. Diese Gelassenheit nehmen wir mit in unseren neuen Tag. Sie soll von nun an unser ständiger Begleiter sein.

Wenn es Ärger gibt, bewahrt uns die Gelassenheit davor, unüberlegt zu handeln. Wenn uns jemand kränkt, wappnen wir uns mit Gelassenheit. An unserer Gelassenheit prallen Kränkungen durch andere ganz einfach ab. Wenn Probleme auftauchen, hilft uns die Gelassenheit, auf Distanz zu gehen, die Dinge erst einmal in Ruhe zu betrachten. Nicht selten lösen sich dann so manche Probleme *von selbst*, wenn wir es nur zu*lassen*. Wenn wir uns hingegen in Probleme verrennen und verbeißen, verstricken wir uns meist nur tiefer in sie.

Wenn wir einmal aufgeregt, wütend, nervös, disharmonisch oder verärgert sind, besinnen wir uns ganz schnell auf die Gelassenheit. *Wir schalten ab. Wir lassen die Dinge auf sich beruhen. Wir werden ganz ruhig. Wir finden wieder zu uns selbst. Nichts regt uns mehr auf. Nichts ärgert oder kränkt uns mehr.* Denn den Lauf der Dinge können wir, wie du ja bereits weißt, ohnehin nicht ändern. Was wir aber ändern können, ist unsere Einstellung dazu. Wir sind also gelassen und *lassen* alles so geschehen, wie es im Augenblick geschieht.

»Laß den Zorn, die stürmische Erregung,
alles Ungestüm hat keine Dauer:
Keine Stunde währt ein Hagelschauer,
keinen Tag des Wirbelwinds Bewegung!
Rasch verglüht des Blitzes Feuerklinge,
und dies sind des Himmels große Mächte.

Stille ziemt dem kleineren Geschlechte.
Und von selber ordnen sich die Dinge.«

Heiterkeit statt Hektik

Unser Alltag vollzieht sich zumeist im Eilzugstempo. Man möchte alle Angelegenheiten immer möglichst schnell über die Bühne bringen – übt Druck dabei aus. Alle Erlebnisse rauschen in Windeseile an uns vorbei. Immer haben wir irgend etwas vor, irgend etwas zu tun.

Immer ist unser Kopf voll mit irgendwelchen Gedanken. Und wenn unser Kopf vor lauter Denken nichts mehr hergibt, dann müssen Aufputschmittel oder Beruhigungstabletten, Alkohol und Zigaretten her.

Vor lauter ›Nicht-Zeit-Haben‹ wird uns gar nicht bewußt, was es bedeutet, Mensch zu sein. Wir lassen unsere Sinne und Gefühle verkümmern und merken gar nicht mehr, wie schön das Leben sein kann, was es alles für uns bereithält.

›Halt ein, mein Freund!‹ Siehst du denn nicht, wie herrlich die Natur ist? Die Sonne, die für uns alle scheint. Die Wolken, die am Himmel ziehen. Der Wind, der in den Bäumen rauscht. Das Plätschern einer Quelle. Blumen, die blühen und Vögel, die für uns singen. Für uns alle – auch für dich.

Besinne dich. Leg Pausen in deine Alltagshektik ein. Schalt ab, komm zur Ruhe. Übe das ›Nicht-Tun‹. *Wei wu wei* nannten es die alten chinesischen Weisen. Dahinter versteckt sich eine großartige Erkenntnis: *Im Zustand des entspannten Nicht-Tuns findest du zurück zu deinem wahren Sein.* Deine Kräfte können sich regenerieren. Und es wird dir bewußt, daß du lebst. Daß dein Leben ein großes Wunder ist. Nur in der Hektik unseres Alltags vergessen wir allzu leicht, daß dieses Wunder, dieses unser Leben, begrenzt ist.

Jeder Tag ist ein einmaliger Tag – eine Meditation

Wir lassen uns von nun an nicht mehr durch den Alltag hetzen. Mag noch so viel Arbeit auf uns warten, mögen Hektik und Streß uns umgeben, wir schalten regelmäßige Pausen der Entspannung, des Nicht-Tuns ein. Wir üben das Nicht-Tun.

Wir machen es uns von nun an zur Gewohnheit, schon am Morgen, beim Aufwachen, in die richtige Stimmung zu kommen. Jeder neue Morgen wird von uns bewußt, harmonisch und voller Dankbarkeit begrüßt. Mit einer Morgenmeditation, die etwa so lauten kann:

›Es ist eine Gnade, daß ich wieder erwachen durfte zu diesem einen neuen Tag. Nicht *ich* lebe diesen Tag, ich *werde* gelebt. Viele Menschen werden diesen neuen Tag nicht er-leben.

Irgend etwas, irgendwer läßt mich leben. Wie schön eigentlich, daß es mich und meinen neuen Tag gibt. Dieses Bewußtsein erfüllt mich mit Freude, mit Heiterkeit. Ich bin den ganzen Tag über ruhig, entspannt und gelassen.

Ich steige auf den Turm, schau hinunter auf die Landschaft meines Lebens. Auf diese Weise gewinne ich Abstand von den Dingen. Ich bin der Beobachter meines Tages. Ich stehe über den Dingen, über allem Geschehen.

Ich beobachte, was auf mich zukommt. Beobachte, wer auf mich zukommt. Ohne gleich von vornherein zu werten. Ich lasse mich nicht von anderen und auch nicht durch irgendwelche Umstände durch diesen schönen, einmaligen Tag hetzen. Ich wähle Heiterkeit anstelle von Hektik und Ärger.

Ich will mich freuen über diesen einzigartigen, unwiederbringlichen Tag meines Lebens. Nichts trifft mich mehr direkt, seit ich der Beobachter bin.

Ich bin mir meiner selbst bewußt. Ich freue mich darüber, daß ich da bin. Meine regelmäßigen Pausen der Entspannung, des Nicht-Tuns, sorgen dafür, daß ich mein

Leben genießen kann. Sie bringen mich immer wieder zu mir selbst zurück.‹

Warum lassen wir unsere Zeit verkümmern?

»Wir sollten stets eingedenk sein, daß der heutige Tag nur einmal und nie wieder kommt.« Kein Geringerer als Arthur Schopenhauer hat uns diese Weisheit hinterlassen. Wir, die wir *Psycho-Training* machen, wissen natürlich, wie recht der große Philosoph mit dieser Erkenntnis hat. Und dennoch neigen wir immer wieder dazu, uns unsere kostbare Zeit von Ärger und Problemen, von Hektik und Streß stehlen zu lassen.

Wir wissen, daß verbissenes Tätigsein uns vom wahren Leben ablenkt. Wir wissen auch, daß uns nur in den Minuten der Entspannung, des Los-lassens, der Gelassenheit bewußt wird: *Es ist.* Unser einmaliges, unwiederbringliches Leben *ist.* Wir wollen uns daran freuen und es genießen.

Ich selbst habe mir deswegen schon vor langer Zeit eine Armbanduhr gekauft, die jede Stunde einen Piepston von sich gibt. *Piep-piep* – leise und unaufdringlich – macht meine Uhr.

Du möchtest wissen, warum ich dir das erzähle? Ganz einfach. Das *Piep-piep* erinnert mich daran: *Es ist.* Überall, wo ich bin. Ob im Auto, bei einer Besprechung, in der Oper, im Flugzeug, an meinem Schreibtisch. *Piep-piep* tönt es jede Stunde aus meiner Armbanduhr, und ich besinne mich darauf, daß ich *lebe.* Ich entspanne mich für ein paar Minuten und werde mir meines wahren Lebens bewußt. Meines einmaligen, wunderbaren Lebens.

Oft, nur zu oft, vergessen wir nämlich unsere guten Vorsätze. Wir fallen zurück in den alten Schlendrian und lassen unsere Zeit verkümmern. Und damit unser Leben.

Von dem großen Weisen Jiddu Krishnamurti wissen wir, daß Ablenkung eigentlich nur Unachtsamkeit ist. Um immer achtsam zu sein, um immer darauf zu achten: *Es ist*, bediene ich mich meiner Armbanduhr. Ich möchte dir raten, dir auch so eine Armbanduhr zuzulegen. Stündlich hörst du dann das Signal: ›*Es ist*. Mein Leben *ist*. Ich freue mich darüber. Ich bin dankbar dafür.‹

Und wenn die Leute dich fragen sollten, was es denn mit diesem Piepsen auf sich habe, dann erzähle ihnen ruhig die Wahrheit. Mir hat schon manch einer gesagt, wie sehr ihm das stündliche *Piep-piep* geholfen hat. Geholfen hat, entspannt und gelassen zu sein. Sich seines Lebens bewußt zu sein und sich darüber zu freuen.

Ein entspannter und gelassener Mensch ist ein freundlicher, heiterer Mensch. Aber nicht nur das. Er ist auch kreativer und produktiver. Nach jeder wirklichen Entspannung, einer Entspannung also ›von innen heraus‹, ist der Mensch leistungsfähiger. Aber das wirst du schon sehr bald an dir selbst feststellen.

Hier noch ein paar Zitate, die dich auf das *Nicht-Tun*, auf das *Sein*, auf das *Es ist* einstimmen sollen:

»Das gezielte Tun ist in einem empfangenden Nicht-Tun verwurzelt.« (Graf Dürckheim)

»Bring mehr Sein zwischen deine Handlungen!« (Sri Aurobindo)

»Der Weg zum Tun ist zu sein.« (Laotse)

»Die Menschen sollen nicht so viel nachdenken, was sie tun sollen, sie sollen vielmehr bedenken, was sie sind.« (Meister Eckhart)

Nur in der Stille können wir aufwachen

Wer den wahren Weg zur Lebenskunst beschreiten will, muß täglich die Stille des Geistes in sich herstellen, mit sich *All-eins* sein, zu sich finden. Denn nur in der Stille des Geistes werden wir wach. Gelangen wir zum Bewußtsein unserer Existenz, unseres *Seins*.

Wenn du wirklich einmal wach geworden bist, dann gibt es kein Unglück, kein Unglücklichsein mehr. Dann darf alles so sein, wie es ist. *Und alles ist so, wie es ist, in Ordnung.*

Dein Wachsein ist dein eigentliches Sein. Du bist von nun an dein neutraler Beobachter. Es gelingt dir immer besser, dich selbst zu beobachten, dein Tun, deine Gedanken. Immer öfter am Tage erinnerst du dich daran: Ich bin der Beobachter. Dieses Signal rückt sofort deine Perspektive gerade – und alle Wogen des Alltags um dich herum glätten sich automatisch.

Wenn du wirklich aufgewacht bist, nimmst du die Wirklichkeit – Gottes Schöpfung – wahr. Du bist als Zeuge ausersehen, dir Gottes Schöpfung zu betrachten. Nimm sie also wahr. Spontan, als unvoreingenommener Beobachter. Nimm *wahr*! Sieh es nicht, das Leben um dich herum, *empfinde* es. »Schmecke es«, sagt Meister Eckhart. Du mußt es schmecken.

Fühle, daß du ein Teil dieser Schöpfung bist. Und eine nie geahnte Veränderung geht in dir vor. Du bist dem großen Kraftstrom angeschlossen, du spürst das Fließen, die Wärme, die göttliche Energie.

Spürst du, wie leicht dir plötzlich wird? Nun bist du frei. Du weißt, was Leben ist. Und du spürst einen Hauch von dem, was die alten Weisen Seligkeit nannten.

Sat-Chit-ananda.
Sein. Bewußtsein. Seligkeit.

Du fängst an zu sein, indem du annimmst, was *ist*. Du bist durch deine neue Einstellung, durch deine neue Sicht der kosmischen Energie angeschlossen. Du kannst diese Kraft nun regelrecht spüren.

In jedem von uns schlummern diese Kräfte, schlummern diese Möglichkeiten – aber nur wenige sind in der Lage, sie sich wirklich nutzbar zu machen.

Du bist jetzt auf dem besten Weg dazu ...

4. Kapitel

Die Feinde unserer Lebensfreude: Angst und Sorgen

Wem nützen eigentlich unsere Sorgen? – Schick deine Sorgen endlich zum Teufel! – Wir haben den Mut, die Zukunft auf uns zukommen zu lassen – Die Sorgen der Welt fallen von uns ab – eine Meditation – Die Angst stiehlt uns die Lebensenergien

Immer mehr Menschen klagen über Angst, Nervosität, Streß, ein Gefühl der Sinnlosigkeit. Sie machen sich Sorgen über die Zukunft, den Arbeitsplatz, die Familie, die Kinder, die Gesundheit. Bei all diesen Sorgen und Ängsten werden sie dann tatsächlich krank.

Sie leiden unter Depressionen, Schlaflosigkeit oder nervösen Herzbeschwerden. Auch Migräne und Magenkrankheiten machen solchen Menschen das Leben schwer. Lebenskraft und Lebensfreude schwinden. Und ihr Dasein, dieses einmalige, unwiederbringliche Dasein gleicht nicht mehr im geringsten dem wunderbaren Abenteuer, das man Leben nennt. Es gleicht vielmehr einer beschwerlichen, lustlosen Reise durch eine unwirtliche, öde Landschaft. Wie traurig!

Psycho-Training wird uns die Augen dafür öffnen, daß wir uns 90 Prozent unserer Sorgen völlig unnötig machen. Schon Friedrich Schiller sagte: »Das Übel, das uns trifft, ist selten so schlimm, als das, welches wir befürchten.«

Von nun an wollen wir uns diesen Satz ganz fest in unser Bewußtsein einprägen. Und immer, wenn die Sorgen dieser Welt unsere Lebensfreude wieder einmal vergiften wollen, stellen wir erst einmal die Ruhe in uns selbst her und gehen auf Distanz. Aus dieser Distanz betrachtet, lösen sich viele unserer Sorgen und Ängste wahrscheinlich *von selbst* auf. Verschwinden ganz einfach. Es gibt sie nicht mehr.

Probleme aber, die bleiben, akzeptieren wir ganz einfach. *Wissen wir doch, daß der Weg zur wahren Lebenskunst darin liegt, alles so zu akzeptieren, wie es im Augenblick ist.*

Nicht das Gestern zählt und nicht das Morgen. Unsere wahre Existenz spielt sich allein in diesem *einzigen* Augenblick ab. Unser Leben ist eine Aneinanderreihung von solchen Augenblicken. Wir können zu keinem anderen Zeitpunkt leben als *hier* und *jetzt*. Und wir können wählen, ob wir uns in diesem einen Augenblick unseres Lebens freuen wollen oder ob wir es vorziehen, über unseren Sorgen und Ängsten zu brüten. Was glaubst du wohl, ist der bessere Weg?

Der Lebenskünstler läßt sich auch durch Schwierigkeiten die Lust am Leben nicht verderben. Er weiß, daß wir im Leben nicht immer nur auf Rosen gebettet sind. Er weiß, daß es Hochs und Tiefs gibt. Er akzeptiert diese Tatsache und lebt nach der Devise: ›Kommt Zeit, kommt Rat.‹ Er vertraut darauf, daß ihm der große Lenker seines Schicksals diesen Rat zur rechten Zeit *zu-fallen* lassen wird. Und dies geschieht dann auch tatsächlich. *Voraussetzung ist allerdings, daß wir uns frei machen von negativen, niederziehenden, be-drückenden Gedanken.*

> »Auch ein abgehauener Ast wächst wieder, auch der hingeschwundene Mond nimmt wieder zu: Kluge, die solches erwägen, härmen sich bei Widerwärtigkeiten nicht ab.«
>
> (Bhartrhari)

Wem nützen eigentlich unsere Sorgen?

Nehmen wir einmal an, du sorgst dich um einen lieben Menschen, weil er krank ist, vielleicht sogar schwer krank. Was nützt es diesem Menschen, wenn du dich dauernd um ihn sorgst? Und dabei vielleicht selbst krank wirst? Wäre es nicht vernünftiger und vor allem auch hilfreicher, so einem Menschen ein wenig Lebensfreude zu vermitteln? Würde das sein schweres Schicksal nicht ein wenig leichter machen?

Wie willst du aber Freude schenken, wenn du selbst freudlos bist? Und bitte vergiß auch nie: Jeder hat sein eigenes Schicksal – auch du. Und du willst doch im Leben ein wenig glücklich sein. Dazu gehört, du weißt es ja schon lange: Alles zu akzeptieren, wie es nun einmal *ist*. Auch das Leid anderer Menschen, auf das du keinen Einfluß hast, und das du nicht ändern kannst. Was du aber sehr wohl ändern kannst, ist deine Einstellung zum Leben. Lerne es also, dich zu freuen, und laß andere an deiner Freude teilhaben. Das ist die bessere Medizin als mitzuleiden.

Als gute Mutter glaubst du vielleicht, du müßtest unentwegt um das Wohl deiner Sprößlinge besorgt sein. Ob sie die Schule schaffen, ob sie die richtigen Freunde haben, ob sie nicht krank werden könnten... Dererlei Sorgen gibt es noch eine ganze Menge mehr.

Natürlich bedürfen Kinder einer Lenkung. Und sicher muß man sie auch dazu anhalten, etwas zu tun. Also auch zum Lernen. Aber sorg dich um Himmels willen nicht zuviel um sie! Damit schadest du nämlich nicht nur dir, sondern auch deinen Kindern. Psychologen wissen schon lange, daß ängstliche, überbesorgte Mütter diese Angst an ihre Kinder weitergeben, sie praktisch zu ängstlichen Menschen erziehen. Möchtest du das denn? Nein, sicher nicht. Also stell deine Kinder in kein Glashaus. Versuche nicht, sie vor allem und jedem zu bewahren. Du kannst es ja doch nicht.

Beobachte deine Kinder und lenke sie vorsichtig. Aber laß es zu, daß sie das Leben ›schnuppern‹. Nur so können sie doch das Leben lernen. Es lernen, eines Tages stark wie ein Baum den Stürmen des Lebens zu trotzen. Und das geht nun mal nicht ohne Schmerzen und Enttäuschungen ab. Du weißt es doch selbst.

Ein anderer sorgt sich vielleicht ununterbrochen um seine Gesundheit. Hat immer Angst davor, irgendwelche Krankheiten bekommen zu können. Sei sicher, dies ist der beste Weg, krank zu werden. *Denn was wir denken, werden wir sein. Denken wir negativ, ziehen wir Negatives an.*

Auch die Sorge um den Arbeitsplatz, um das liebe Geld, das nie reicht, ist eine beliebte Sorge, die uns das Leben vergällt. Sind wir bekümmert und besorgt, verlieren wir viele wertvolle Energien, die wir zur Meisterung unseres Lebens brauchen. Gerade jene Energien eben, die es uns ermöglichen, unsere Arbeit gut zu machen und dafür Anerkennung zu finden. Also, wem nützen eigentlich unsere Sorgen? Niemandem, am allerwenigsten uns selbst.

Schick deine Sorgen endlich zum Teufel!

Du meinst, das sei schwer? Du sagst, deine Sorgen seien ganz konkrete Sorgen und du könntest sie doch nicht einfach unter den Tisch fallen lassen? Kannst du das wirklich nicht? Oder ist vielleicht deine Seele so ›hartmäulig‹, daß sie dir nicht erlaubt, deinen Standpunkt, deinen Blickwinkel zu ändern?

Ist es nicht oft so, daß wir Sorgen und Probleme nur dann haben, wenn wir meinen, die Dinge müßten anders sein, als sie nun mal sind? Wenn wir aber die Dinge, die Geschehnisse, die Menschen nicht ändern können, was bleibt uns dann zu tun?

Wir müssen unsere Einstellung ändern!

Alles darf so sein, wie es im Augenblick ist. Wir wehren uns nicht länger gegen unser Schicksal. Wir schwimmen nicht länger gegen den Strom. Wir lassen unser Leben fließen. Und das Leben löst für uns so manche Schwierigkeiten.

Vielleicht wirst du jetzt fragen: Dann soll ich ganz einfach die Hände in den Schoß legen und alles dem Schicksal überlassen? Meine finanziellen Probleme, die Schwierigkeiten mit meinen Kindern oder mit meinem Arbeitgeber? Das Waldsterben, den Haß in der Welt, meine Eheprobleme, meine angeschlagene Gesundheit...? Das kann doch zu nichts führen.

Richtig, das führt auch zu nichts. Aber: Alles, was in der Zukunft geschehen wird und geschehen soll, das überlassen wir vertrauensvoll unseren kreativen Kräften, unserer Intuition. *Wir haben von nun an den Mut, unser Leben geschehen zu lassen.* Ohne Krampf und Zwang. Durch Verkrampfungen blockieren wir nur unsere Intuition, schneiden uns ab vom Strom des Lebens, von der göttlichen Energie.

Lassen wir aber los, lassen wir die Dinge geschehen, kümmern uns ganz einfach nicht mehr um sie – ›fällt‹ uns plötzlich die richtige Idee zur Lösung eines Problems zu.

Buddha sagt dazu: »Man kann dem Leiden nicht entkommen, bis man erkannt hat, daß man nicht der Handelnde ist.« Was bedeuten diese Worte? Sie bedeuten, daß ich mein Leben, mein Handeln, mein Tun getrost dem anvertrauen kann, was man als ›Schicksal‹ bezeichnet. Dem anvertrauen kann, was uns ›geschickt‹ wird.

Wie aber wollen wir erkennen, was uns das Schicksal an Gutem schicken will, wenn unsere Seelen nicht offen sind? Wenn wir verhärmt an unseren Sorgen kleben und unsere Ängste mit den tausend Unsicherheiten des Lebens füttern?

Du magst immer noch zweifeln. Aber ich sage dir: Es gibt keinen anderen Weg zum Glücklichsein, als sich dem Strom des Lebens zu öffnen. Sich von ihm tragen zu lassen. Vertrauensvoll, so, wie es uns bestimmt ist.

Wenn du das einmal akzeptiert hast, wirst du spüren, wie dir das Leben von Tag zu Tag mehr Freude macht. Wie du von Tag zu Tag begieriger wirst, deine Erkenntnisse zu vertiefen. Ja, du wirst dir eines Tages ein Leben ohne diese ›Arbeit‹ an dir selbst gar nicht mehr vorstellen können.

»Was ist wirkliche Weisheit?
Sie ist das ruhige Hinnehmen des Lebens der Welt,
wie es kommt und wie es ist:
Das Warten auf die rechte Zeit, kein Erzwingen
eines Ergebnisses, sondern ein Zulassen.

So daß es sich nach seiner eigenen
Eigenart und Zeit entfalten kann.
Dies ist weder feiger Fatalismus noch fromme Entsagung:
Es ist viel mehr als nur ein Sich-Ergeben!
Es ist in Wirklichkeit fröhlich,
ein humorvolles Entzücken
an allem, das das Leben zu bieten hat!«

(J. C. Cooper)

Wir haben den Mut, die Zukunft auf uns zukommen zu lassen

Jiddu Krishnamurti, der große indische Philosoph, rät uns: »Wahre Einsicht erkennt den Vorrang der Gegenwart, das Morgen ist nichts. Das, was unser eigentliches Leben ist, das kann nur erfaßt werden, wenn das Morgen seine Gewalt über uns verliert.«

Was kann uns passieren, wenn wir den Versuch wagen, die Zukunft Zukunft sein zu lassen? Wenn wir alle unsere Sorgen um das Morgen auf die Seite stellen und dem *Hier* und *Jetzt* leben? Manch einem mag dies wie ein Balanceakt auf dem Hochseil ohne Netz erscheinen. Aber ist denn, wenn wir ehrlich sind, nicht unser ganzes Leben so etwas wie ein Drahtseilakt ohne Netz? Ob wir uns nun sorgen oder nicht. Also werfen wir die lästigen Sorgen doch einfach über Bord! Und erfreuen uns dafür mehr an der Gegenwart.

Wir leben nur jetzt und hier! In diesem einen, unwiederbringlichen Augenblick.

Wir sehen einen blühenden Baum und freuen uns daran. Wir genießen die Wärme der Sonne – wie gut das tut! Wir lassen unsere Gedanken mit den Wolken ziehen, und alle Probleme haben für den Augenblick keine Bedeutung mehr. Wir beobachten, wie sich ein Schmetterling auf einer Blume niederläßt, und sind fasziniert. Wie schön ist es, dem Wind in den Bäumen zu lauschen, dem Treiben der Schneeflocken zuzusehen! Dies alles geschieht ohne unser Zutun.

Und auf einmal wird uns vielleicht bewußt: Ich *lebe*, ich *atme*. Auch dies geschieht ohne mein Zutun. Ein Wunder? Ja, ein Wunder. Wir alle sind ein Teil dieser Schöpfung. Wir alle sind eingebettet in diese Schöpfung. Wir sind *All-eins* mit der Schöpfung.

Wir wollen jetzt gemeinsam meditieren, um uns bewußt zu werden, daß wir leben. Um uns bewußt zu werden, daß unser Leben ein Wunder ist. Wie klein und unwichtig werden dann so manche Sorgen sein!

Die Sorgen der Welt fallen von uns ab – eine Meditation

›Ich bin ganz ruhig, ganz und gar entspannt. Ich lasse mich fallen in diese wohltuende Ruhe, spüre, wie gut sie mir tut.

Meine Atmung vollzieht sich ganz von alleine. Ich beobachte, wie sich meine Atmung *von selbst* vollzieht. Alles geschieht *von selbst*, ohne mein Zutun. Ich bin ganz ruhig, ganz entspannt, wunderbar entspannt.

Ich lasse den Atem kommen, ich lasse den Atem gehen. *Ein... Aus... Ganz ruhig... Ein... Aus... Ganz ruhig... Es atmet mich.* Alles geschieht ohne mein Zutun, ganz *von selbst*.

Mein Selbstvertrauen, mein Mut, meine Gelassenheit wachsen täglich. Ich fühle mich von Tag zu Tag stärker und sicherer. Nichts und niemand kann mir meine Sicherheit, meine Ruhe, meine Freude nehmen. Ich weiß, daß ich jeder Situation gewachsen bin.

Ich mobilisiere die brachliegenden Kräfte meines Unbewußten. Sie helfen mir, in jeder Situation sicher, selbstbewußt und gelassen zu sein.

Eine wunderbare innere Kraft wächst mir zu. Ich bin mutig und voller Zuversicht. Ich weiß, mir kann nichts geschehen. Ich bin ein freier, froher Mensch. Ich fühle mich der großen Urkraft angeschlossen, die mich leben, die mich atmen läßt. Ich kann mein Leben genießen. Jeden Augenblick meines einmaligen Lebens.

Aus jeder Minute, aus jeder Stunde des Tages versuche ich, das Beste zu machen. Nur dieser eine Tag zählt, diese vierundzwanzig Stunden zählen für mich. Ich fühle mich frei und unbeschwert, stark und gelassen.

Ich weiß, ich kann mich der Urkraft anvertrauen. Ein wunderbarer innerer Friede erfüllt mich. Ich brauche nichts weiter zu tun, als mich dieser herrlichen Entspannung hinzugeben. Alles geschehen zu lassen. Wie meinen Atem. Wie mein Leben.‹

Wenn du versuchst, meditativ zu leben, wirst du schon bald erkennen, daß du auf dem richtigen Weg zur Lebenskunst bist. Trotz aller Rückschläge, die du immer wieder erleben magst, wirst du gar nicht anders können, als den einmal eingeschlagenen Weg weiterzugehen.

Jeder Tag, an dem du es versäumst, an dir zu arbeiten, wird dir als verlorener Tag erscheinen. Und immer häufiger wirst du in deinem neuen meditativen Leben den Hauch einer Glückseligkeit verspüren. Einer Glückseligkeit, gegen die alle anderen Genüsse schal und leer sind.

Die Angst stiehlt uns die Lebensenergien

Sicher, die Zeiten sind nicht leicht. Unsere Tage sind angefüllt mit Hektik und Unsicherheit. Aber es bringt uns nichts, mit Angst zu reagieren. Ganz im Gegenteil: Die Angst lähmt uns und stiehlt uns die Energien, die wir so dringend brauchen, um unseren Alltag zu meistern.

Graf Dürckheim, der große Zen-Philosoph, spricht in diesem Zusammenhang vom ›Mißtrauen gegen das Leben‹. Ängste und Depressionen sind ebenso Mißtrauen gegen das Leben, wie sie Blockaden gegen das Leben sind.

Der neurotische Mensch unserer Tage hat sein wahres Wesen noch nicht erkannt, den Sinn seines Menschseins noch nicht begriffen. Sein Leiden will ihm klarmachen: so nicht! Ändere dich! Begreife die Einzigartigkeit deines menschlichen Daseins – und du bist gerettet.

Dann nämlich begreifst du auch, daß es Gott geben muß, eine Schöpfung, der du deine Existenz verdankst. Um gesund zu werden, gesund zu sein, brauchst du deinen Schöpfer. Ganz tief drinnen hast du das ja eigentlich immer schon gespürt.

Finde zurück zu Gott, zum Ursprung und Ziel deines Lebens. Den Weg dorthin bereitet dir die Meditation. Meditation ist die beste Medizin. Nicht von ungefähr weisen beide Worte denselben Stamm auf: Nämlich ›Medi‹ – was so viel bedeutet wie Mitte.

Finde also zu deiner Mitte zurück, zu deinem wahren Wesen! Gib dein eingefahrenes Falschdenken auf und ändere deine Einstellung zum Leben! So lange wir nicht wirklich bereit sind, uns von Grund auf zu ändern, wird sich an unseren Beschwerden, an unseren Ängsten und Problemen kaum etwas ändern.

Die besten Psychopharmaka, der erfahrenste Psychotherapeut können immer nur Hilfestellungen leisten, wenn es darum geht, zur eigenen Mitte zurückzufinden, die seelische Harmonie zurückzugewinnen. Und wenn wir in Harmonie mit uns und unserem Leben sind, wenn wir uns der göttlichen Urkraft angeschlossen fühlen, wovor sollten wir dann noch Angst haben?

Was kann dir eigentlich noch passieren? Du weißt, das Leben ist ein Abenteuer, ein Spiel. Ein Spiel, in dem nicht du die Regie führst. Laß dich also überraschen, was dir das Leben noch alles bringen mag. Und nimm dich selbst nicht mehr so furchtbar wichtig. Nimm alles so, wie es *ist.* Du weißt, das ist das Geheimnis des Glücks.

Dann verlieren auch deine Ängste an Bedeutung. Weißt du doch, daß du ein Kind der Schöpfung bist. Du kannst dich in ihr geborgen fühlen. Laß deinen Verstand, deine Vernunft nicht immer das Maß aller Dinge sein. Höre auf deine innere Stimme und laß dich leiten. Dann wirst du immer öfter, immer deutlicher fühlen, daß auch du der göttlichen

Urkraft angeschlossen bist. Wieviel Energie, wieviel Freude, wieviel Glückseligkeit fließen dir aus dieser Quelle zu! Dann hast du keine Fragen mehr. Angst und Sorgen klopfen vergeblich an deine Tür. Denn du weißt, dein Leben wird von einer höheren Macht gelenkt. Du magst es Gott oder kosmische Kraft nennen, Transzendenz oder Tao – du weißt jetzt: Du kannst Vertrauen haben. Vertrauen zu deinem Leben, so, wie es dir bestimmt ist.

»Die einzig wirksame Möglichkeit,
der Angst zu entgehen und sich
vor einer potentiellen Krankheit
zu schützen, ist das produktive
Ja zur Welt, zum Leben.«

(Erich Fromm)

5. Kapitel

Was uns unsere Krankheiten sagen wollen

Krankheiten haben immer ihren Sinn – Die Ursache der Krankheit muß beseitigt werden, nicht ihr Symptom – Du bist hier, um wach zu werden – Sag ja zu deinen Schmerzen – Lachen ist die beste Medizin – Ein Wunder der Selbstheilung – Öffne dich den heilenden Kräften des Kosmos

Du fühlst dich nicht wohl. Irgendwie leidest du. Bist vielleicht sogar krank. Du hast das Gefühl, daß irgend etwas in deinem Leben anders sein sollte.

Nein, dein Gefühl trügt dich nicht. Die Ursache: Du hast dein Leben einfach noch nicht begriffen. Dein Leiden, dein Kranksein sind dazu da, dich auf den richtigen Weg zu bringen. Krankheiten sind Wegweiser. Wenn wir sie als das annehmen, was sie sind, nämlich als Ausdruck eines inneren Un-heil-Seins, eines mit uns selber Un-eins-Seins, können wir an ihnen reifen. Jedes Wieder-Heil-Werden bringt uns ein Stückchen weiter auf unserem Weg zur Selbstverwirklichung. Auf unserem Weg zur Lebenskunst.

Jede Krankheit ist ein Ausdruck der Selbstregulierungskräfte in dir. Deine Krankheit will dir etwas mitteilen. Sie ist ein Signal für dich ganz persönlich.

Zum Beispiel: Hör auf mit deiner Hektik! Du machst dich ja kaputt. Oder: Schließ endlich Frieden mit dir selbst und anderen! *Halt ein – besinne dich!*

Was wir also tun müssen, wenn Schmerzen und Krankheiten uns überfallen, ist, zunächst einmal innezuhalten. Es bleibt uns ja auch nichts anderes übrig: Unsere Aktivitäten, unser Wünschen und Wollen sind ganz zwangsläufig gebremst. Unser Motor läuft nur noch mit halber Kraft.

Nehmen wir also den Wink des Schicksals an, der uns zur

Umkehr bewegen will. Der uns sagen will: Du lebst nicht so, wie du eigentlich leben solltest. Erkenne die Chance, dann kann sich Heilung vollziehen. Sowohl innen wie auch außen. Sowohl psychisch wie auch somatisch, denn Leib und Seele sind nun einmal nicht voneinander zu trennen.

Wirkliche Heilung kann es nur geben, wenn wir auch unsere Seele zu ihrem Recht kommen lassen.

Krankheiten haben immer ihren Sinn

Jede Krankheit will uns zur Einsicht bringen, uns demütig machen. Sie führt uns ganz deutlich vor Augen: So hilflos bist du, Mensch, wenn du auf dich selber baust. So klein und anfällig, so ohnmächtig, so zerbrechlich. Liefere dich aus! Laß los! Gib dich anheim! Erkenne, daß du ein Teil der großen Urkraft bist! Gib dein Widerstreben auf, deinen Kampf! Horch in dich hinein, was dir die Krankheit sagen will!

Krankheiten haben ihren Sinn. Sie überfallen uns nicht einfach aus heiterem Himmel. Die Krankheit will uns etwas sagen, will uns aufrütteln. Bei vielen Menschen ist eine schwere Krankheit der Wendepunkt in ihrem Dasein. Eine Lebenskrise, der schließlich die Läuterung und Reifung folgt. Wenn wir es unserem ›inneren Arzt‹ erlauben, tätig zu werden, kann sich die große Verwandlung vollziehen. Es gibt dann keine Blockaden mehr, und sogar Wunder geschehen.

Von so einem Wunder berichtet der Zen-Meister Eido Shimano Roshi in seinem Buch ›Der Weg der wolkenlosen Klarheit‹. Er erzählt die Geschichte eines Missionars, der an Magenkrebs erkrankt war. Als die Schmerzen schier unerträglich wurden, besann sich der Missionar darauf, daß Jesus Christus am Kreuz wohl noch viel größere Schmerzen ertragen hatte. Da schämte sich der Missionar seines Selbstmitleids und gelobte, daß er von nun an die Schmerzen aller Leidenden auf sich nehmen wolle.

Und das Wunder geschah. Jetzt, da er seine Schmerzen annahm, waren sie plötzlich nicht mehr so qualvoll. Sein Geist wurde immer fröhlicher, und jeder Augenblick seines Lebens brachte ihm Befriedigung; schließlich nahm der Missionar ja das Leid anderer Menschen auf sich. Er fühlte sich immer wohler und wurde schließlich auch ganz gesund.

Diese Geschichte ist wahr. Ich habe sie nicht erfunden, um Ihnen Mut zu machen. *Ich wollte Ihnen damit klar machen, wie sehr unsere geistige Haltung die Dinge verändern kann.*

Leider haben sich all diese Zusammenhänge bei einem Großteil unserer Ärzte noch nicht herumgesprochen. Oder sie werden einfach ignoriert.

Die Ursache der Krankheit muß beseitigt werden, nicht ihr Symptom

Viele Ärzte bekämpfen nach wie vor lediglich das Symptom einer Krankheit. Das ist genauso unsinnig, als würden wir bei einer Sturmwarnung kurzerhand die roten Warnlampen zertrümmern, um dem Sturm zu entgehen. Das Warnsignal ist zwar zerstört – aber habe ich den Sturm dadurch beeinflußt?

Genauso ist es mit einem Magengeschwür. Auch das Geschwür ist ein Signal dafür, daß irgend etwas mit uns nicht stimmt. Daß wir irgend etwas nicht ›schlucken‹ wollen, nicht ›verdauen‹ können. Anstatt daß aber nun der Magenkranke lernt, mit seinen Konflikten umzugehen, sie sich offen einzugestehen, wird in den meisten Fällen nur das Geschwür behandelt. Also das Symptom und nicht die Ursache der Krankheit.

Und so ist es dann kein Wunder, daß sich der Organismus, ist das Geschwür erst einmal herausoperiert, bald ein neues Ventil sucht, um auf sein Unbefriedigtsein aufmerksam zu machen. Ein wahrhafter Teufelskreis.

Was ist also zu tun? Nur unsere Einsicht kann uns weiter-

helfen. Unser Akzeptieren des So-Seins der Welt, unseres eigenen So-Seins mit all seinen Licht- und Schattenseiten.

Haben uns Krankheiten, Schmerzen und Leiden soweit geläutert, haben wir uns ganz einer höheren Macht überantwortet, steht der Genesung nichts mehr im Wege. In dieser Geborgenheit, im Einssein mit allem Geschehen kann uns nichts mehr schrecken, nicht einmal der Tod. Wir sind völlig frei und unabhängig.

Du bist hier, um wach zu werden

Was ist es, das uns leiden läßt? Die Ernährung? Die Umweltverschmutzung? Die falsche Lebensweise? Sind es die verkehrten Medikamente, die man uns gibt? Oder wissen die Ärzte zu wenig? Hinter all den vielfältigen Symptomen, die uns zum Arzt führen, die uns ›unpäßlich‹ sein lassen, verbirgt sich eine große Generalursache: Wir leben am Leben vorbei. Wir haben den Sinn unseres Daseins nicht begriffen.

Du bist hier, um wach zu werden! Der Sinn deines Lebens ist es zu reifen, mehr noch: so etwas wie Erleuchtung zu erlangen. Du hast alle Anlagen dafür mitbekommen. »Leben ist ein Prozeß des Erleuchtetwerdens«, sagt der indische Weise Krishnamurti. Und er meint weiter: »Dein Egoismus ist eine totale Verfälschung deines Lebens.«

Und Erich Fromm, der große Sozialphilosoph, gibt uns zu verstehen: »Gesundheit bedeutet, aus dem Halbschlaf zu erwachen, in dem der Durchschnittsmensch sein Leben führt. Gesundheit bedeutet ferner, daß man sein Ich fallen läßt. Daß man seine Habgier abstreift, daß man nicht mehr der Erhaltung und Mehrung des Ichs nachjagt, sondern daß man *ist* . . . Was das jüdisch-christliche und das zen-buddhistische Denken gemeinsam haben, ist das Bewußtsein, daß ich meinen Willen aufgeben muß . . . In der christlichen Terminologie heißt das: *Sich dem Willen Gottes beugen.*«

Was also ist zu tun? Wir müssen die Welt so akzeptieren,

wie sie *ist*! Wir müssen aufhören, uns eine Welt zu wünschen, wie wir sie uns vorstellen. Wir müssen Vertrauen zur göttlichen Urkraft haben. Dann sind wir ihr angeschlossen. Dann erkennen wir auch, daß Krankheit und Leid nichts weiter sind als Prüfsteine, um uns auf den richtigen Weg zu führen.

Du willst dich immer noch dagegen wehren? Dann höre, was all die Weisen dieser Welt sagen. Sie predigen uns: *Der Mensch hat auf Erden eine Bestimmung. Und diese Bestimmung ist, die Einheit mit der Allmacht wiederzugewinnen.*

Einheit mit der Allmacht? Ja! Du mußt begreifen, daß du ein Geschöpf des Göttlichen bist, des *Tao* oder wie immer man die große Urkraft bezeichnen mag. Wir aber leben in dem Wahn, wir selbst seien die Handelnden. Wir selbst seien die Väter unserer Gedanken. Unser Ich, unser Ego gaukelt uns vor, wir seien unser eigener Schöpfer.

Können wir das wirklich glauben, wenn wir das Wunder der Schöpfung erst einmal erkannt haben? Jeder Nacht, und sei sie noch so finster und voller Schrecken gewesen, folgt ein neuer Tag. Dieser Tag kommt ganz *von selbst*. In jedem Frühjahr wiederholt sich dasselbe Wunder. Zarte Pflanzen durchstoßen die noch erstarrte Erde und blühen. Sie blühen ganz ohne unser Zutun. Und wenn kahle, verdorrt scheinende Bäume auf einmal zu neuem Leben erwachen, grünen und blühen, dann geschieht dies auch *von selbst*. Und das soll kein Wunder sein?

In deinem Körper werden Tag für Tag zwanzig Milliarden Zellen neu geboren. Jede dieser Zellen ist ein Lebewesen für sich und hat ihre eigene Funktion. Wenn du atmest, geschieht dies ganz *von selbst*. Hast du schon einmal darüber nachgedacht?

Wer zeigt deinem Blut den Weg durch die kilometerlangen Kanäle in deinem Körper? Wie ist es möglich, daß du die zehn Finger deiner Hände gleichzeitig bewegen kannst? Warum sehen deine Augen Farben und erkennen deine Ohren Geräusche? Warum fühlst du die Wärme der

Sonne auf deinem Körper? Du weißt es nicht? Ich will es dir sagen: Die göttliche Weisheit ist es, die dich leben läßt.

Mensch begreife doch – wach endlich auf! Laß das Leben zu, laß es fließen. Vertraue dich der göttlichen Weisheit an! Du bekommst zu jeder Zeit das, was du bekommen sollst. Übergib dein Leben Gott – dem, von dem du es bekommen hast. Übergib dein Leben dem, was ist.

Ich sage dir nicht, daß es leicht für dich ist, das zu begreifen. Aber einmal wirst du selbst dahinterkommen. Wie ein Vogel wirst du dann durch die Lüfte schweben. Selig und vertrauensvoll.

Wenn der Durchschnittsmensch heute etwas von seinem Schöpfer, von der Allmacht hört, geht er sofort in Abwehrstellung. Sri Aurobindo nennt diese innere Abwehr den ›Grauen Alp‹. So viele Menschen leiden heute an nichts weiter als an ihrer Gottferne. Diese widernatürliche Getrenntheit ist es, die sowohl zu seelischen als auch organischen Leiden führt. Solange der Mensch nicht zu Gott gefunden hat, solange lebt er in Disharmonie. Und unsere Krankheiten und Leiden sind nichts anderes als der sichtbare Ausdruck dieser Disharmonie.

Was kann da helfen? Nur die Zeit kann da helfen. Die Zeit, die vergehen muß, um einsichtig zu machen. Um unsere inneren Verhärtungen zu lösen, um uns im Feuer des Schicksals weichzuschmieden. Hat der Mensch diese Ein-sicht gewonnen, dann findet die große Transformation statt. Dann wird er gesund, dann ist er wieder so, wie Gott ihn wollte.

Krankheit und Leiden helfen uns, das wahre Leben zu entdecken. Aber – wer glaubt das schon? *Psycho-Training* möchte dir, der du dieses Buch in die Hand bekommen hast, helfen, das wahre Leben zu entdecken.

Sag ja zu deinen Schmerzen

Alles im Leben hat einen Sinn, auch wenn ich diesen nicht immer zu erkennen vermag. Auch Leid, Krankheit und Schmerzen haben ihren Sinn. Wenn du deine Krankheit, deine Schmerzen annimmst, verlieren sie auf einmal an Heftigkeit, sind leichter zu ertragen. Aber nicht nur das: Ganz plötzlich siehst du dann vielleicht einen Sinn in deiner Krankheit. Vielleicht verstehst du dann, daß es nicht darum geht, wie du es *willst*, sondern darum, wie die göttliche Fügung es *will*. Und vielleicht erlebst du dann das große Wunder der Verwandlung. So wie dies ein junger krebskranker Theologiestudent erlebte, als er sich in *Psycho-Training* vertiefte.

Jürgen B. aus Zürich schreibt uns dazu:

»Ich bin ganz ehrlich. Ich wollte Schluß machen. Wozu das ganze Leben noch? Ich hatte Lymphdrüsenkrebs, Metastasen breiteten sich in meinem Körper aus, und ich magerte zum Skelett ab. Und dann kam die große Verzweiflung.

Nein, sagte ich mir. Das Ende erspare ich mir. Ich mache Schluß – wie es so schön heißt. Dann brachte mir ein Freund den Kurs *Psycho-Training* ins Krankenhaus. Beim Studieren der Lektionen wurde mir auf einmal klar: Meine Krankheit hat einen Sinn. Welchen? Das wußte ich nicht. Sie hatte mich auf alle Fälle total zu Boden geworfen. Vielleicht war das schon der Sinn?

Ich machte also *Psycho-Training* von morgens bis abends. Was hatte ich denn schon zu versäumen? Der Chefarzt meinte, ich hätte noch vier bis sechs Monate zu leben. In dieser für mich so verzweifelten Situation fand ich plötzlich zur Harmonie. *Agni*, die Wärmeübung nach Schultz verhalf mir dazu. Und ich erkannte: Der Weg geht immer von innen nach außen. Ich sah alles, was mit dem Göttlichen zu tun hat, in einem neuen Licht. Ich begann zu *begreifen*!

Das war es, was mir an meinem Studium gefehlt hatte. Ich hatte eine total falsche Vorstellung vom Göttlichen. *Agni* brachte mir die Wärme in meinen Bauch, und ich fühlte mich dem göttlichen Kraftstrom angeschlossen. Ich begann, Meister Eckhardt und Graf Dürckheim zu lesen. Vertiefte mich in die Bücher von Erich Fromm und Suzuki. Und das Wunder geschah: Ich fühlte mich von Tag zu Tag besser. Als der Chefarzt meine neuen Röntgenbilder betrachtete, meinte auch er, ein Wunder sei geschehen.

Heute bin ich wieder zu Hause. Gesund bin ich noch nicht ganz. Aber ich bin glücklich. Ich nehme alles so, wie es kommt. Ich weiß: Kann ich meine Krankheit nicht besiegen, dann soll es so sein. Kann ich sie besiegen, dann soll es auch so sein. Was auch immer *ist*: Ich bin glücklich.«

Lachen ist die beste Medizin

Schon die Bibel wußte: »Die Fröhlichkeit des Menschen verlängert seine Tage.« Daran sollten wir uns viel öfter erinnern. Heute weiß ich, daß Lachen, daß Fröhlichkeit die Produktion der sogenannten Endorphine – auch ›inneres‹ Morphium genannt – anregt. Der französische Arzt und Wissenschaftler Henri Rubinstein bezeichnet diese Endorphine als eine Art ›natürliches Opium‹, das vom Nervensystem fabriziert wird und die Schmerzempfindlichkeit des Organismus herabsetzt.

Bei zahlreichen Beobachtungen seiner Patienten hat Henri Rubinstein festgestellt: Lachen kann tatsächlich den Teufelskreis der Krankheit durchbrechen. Eine einzige Lachminute hat eine völlige Körperentspannung von bis zu 45 Minuten zur Folge, verbunden mit allen wohltuenden Wirkungen, die es mit sich bringt.

Das erste Ziel der ›Lachtherapie‹ des französischen Wissenschaftlers ist es, unsere Spiellaune wiederherzustellen. Diese Spiellaune entspricht der Grundstimmung des Kindes. Es gilt also, dieses lachende Kind, das in uns allen steckt, neu zu entdecken. Wenn wir wie Kinder offen sind für das Heitere, das Unbeschwerte im Leben, werden wir ganz automatisch öfter Grund zum Lachen haben.

Du wirst jetzt vielleicht einwenden: Wie aber soll ich denn lachen, wenn mich Schmerzen plagen und ich mich ausgesprochen elend fühle? Ja, einfach ist das sicher nicht. Aber du weißt doch schon lange: *Alles ist so, wie es ist. Auch deine Krankheit, deine Schmerzen gehören also zu deinem momentanen So-Sein.* Du änderst nichts daran, wenn du mit Gott und der Welt haderst.

Wenn du aber dafür sorgst, daß du etwas zu lachen hast, besonders dann, wenn es dir ganz schlecht geht, kann eine wunderbare Verwandlung mit dir vorgehen. Denn Lachen befreit! Gerade dann, wenn wir uns in einer Situation befinden, in der wir eigentlich nichts zu lachen haben. Mach also den Versuch und lache! So oft du nur kannst. Was hast du dabei zu verlieren? Nichts, rein gar nichts. Du kannst nur gewinnen. Gewinnen an Lebensfreude, Heiterkeit und Gesundheit.

Du glaubst mir nicht? Nun, dann laß dir die Geschichte von Norman Cousins erzählen.

Ein Wunder der Selbstheilung

Ein Paradebeispiel dafür, wie sehr körperliches Geschehen von unserem Seelenzustand abhängt, ist die geradezu unglaubliche Heilungsgeschichte des bekannten amerikanischen Publizisten Norman Cousins.

Er war 50 Jahre alt, als ihn die Ärzte aufgaben. Eine als »unheilbar« diagnostizierte Rückenmarkerkrankung, verbunden mit unerträglichen Schmerzen, warf ihn aufs Krankenlager. Obwohl der Publizist mit vielen und starken Medikamenten behandelt wurde, trat keine Besserung seines Zustandes ein. Auch alle anderen im Krankenhaus versuchten Therapien blieben wirkungslos. Norman Cousins sollte sich mit der Diagnose ›unheilbar‹ abfinden. Da bäumte sich sein Lebenswille auf, und er verordnete sich seine eigene Therapie.

Zur großen Verwunderung der Ärzte zog Norman Cousins aus dem Krankenhaus aus und dafür in ein freundliches

Hotelzimmer ein. Er weigerte sich von einem Tag auf den anderen, noch irgendwelche Tabletten gegen seine Schmerzen zu nehmen. Denn es war ihm klar, daß die Tabletten jegliche Tendenz zur Selbstheilung in seinem Körper lähmen müßten. Statt dessen mobilisierte er alle seine positiven, bejahenden Gefühle und Gedanken. Um seine höllischen Schmerzen ertragen zu können, schaute sich Norman Cousins systematisch unterhaltende Filme an oder er ließ sich aus Witzbüchern vorlesen. Und dabei machte er die freudige Entdeckung, daß zehn Minuten echten zwerchfellerschütternden Lachens eine anästhetische, schmerzstillende Wirkung hatten.

Zusätzlich zu dieser ›Lachtherapie‹ verordnete sich Norman Cousins eine Höchstdosis von Vitamin C in Form von Ascorbinsäure. Und das Wunder geschah: Sein Befinden besserte sich tatsächlich von Tag zu Tag. Die Menschen in seiner Umgebung, an erster Stelle die Ärzte und Professoren, die ihn schon am Rande des Grabes gesehen hatten, begriffen die Welt nicht mehr. Das anhaltende Fieber wich innerhalb weniger Wochen. Die Schmerzen verschwanden, und Norman Cousins konnte wieder jede Nacht tief durchschlafen. Nach ein paar Monaten erschien er in seinem Büro, prächtig gelaunt und gesund.

Der einst ›unheilbar‹ Kranke spielt heute wieder Tennis und Klavier, schwimmt und macht ausgedehnte Spaziergänge. Diese Selbstheilung hat die ganze Nation aufmerksam gemacht. Vor allem auch Ärzte und Psychologen.

Ist Lachen also eine Therapie, selbst lebensgefährliche Krankheiten zu besiegen? Ich würde sagen: *Ja*. Der Fall Norman Cousins beweist es. Aber auch eine Reihe neuer wissenschaftlicher Untersuchungen kommen zu demselben Schluß. So hat man beispielsweise in Irland weit weniger psychosomatische Krankheiten registriert als im übrigen Europa. Auch die Zahl der Nervenleiden liegt dort ganz wesentlich unter den sonstigen europäischen Werten. Der Grund hierfür? Du magst jetzt vielleicht ungläubig lächeln – aber in Irland sind die Menschen deshalb gesünder, weil sie fröhlicher sind. Weil sie kindlich ausgelassen sein können, weil sie mehr lachen als anderswo. Und weil sie auch über sich selbst lachen können.

Öffne dich den heilenden Kräften des Kosmos

Deine geistige Harmonie mit der Schöpfung bewirkt automatisch auch eine Harmonisierung aller Funktionen deines Organismus.

Du weißt es bereits: Geist wirkt auf Materie. Und dein Organismus hat die Tendenz, sich selbst zu heilen, wenn du ihn nicht durch seelische Fehlhaltungen in diesem Bestreben blockierst.

Irgendein kluger Mensch hat einmal gesagt: »Verliebte kriegen nicht einmal einen Schnupfen.« Du bist vielleicht gerade in einen anderen Menschen verliebt. Vielleicht auch nicht. Aber bitte stell dir doch einmal vor: Du bist verliebt in das Leben. In dein einmaliges, unwiederbringliches Leben. Dann solltest du doch eigentlich noch viel weniger einen Schnupfen, geschweige denn eine schwere Krankheit bekommen!

In das Leben verliebt sein, heißt nicht mehr und nicht weniger: *das Leben akzeptieren, wie das Schicksal uns das Leben schickt. Nimm an, was dir geschickt wird. Sei zufrieden mit dem, was du hast.* Vergib den Menschen ihre Fehler, denn du hast auch welche. Mach dir keine Gedanken um morgen.

Alles darf so sein, wie es gerade *ist*. Morgen ist ein neuer Tag. Morgen kann alles ganz anders sein. Sicher. Aber du lebst jetzt, jetzt in diesem Augenblick. Deshalb gib deine Zustimmung dem, was gerade *ist*. Laß dich tragen vom Strom des Lebens. Werde eins mit dem, was *ist*. Dann gibt es plötzlich keine Blockaden mehr. Du nimmst teil am großen kosmischen Reigen.

Was Gott tut, das ist wohlgetan – wenn du diese Einsicht gewonnen hast, dann spürst du Harmonie. Dann hast du dein Ich aufgegeben, das ohnehin nicht so viel taugte, wie du immer geglaubt hast. Das bei weitem nicht so wichtig war, wie es sich immer dargestellt hatte.

Laß dich führen, laß geschehen. Und die Zellen werden sofort diese wiedererlangte Harmonie spüren. Sie werden darauf reagieren. Wenn auch nicht sofort, so doch allmählich. Nicht immer können und dürfen wir Wunderheilungen erwarten.

Bist du *All-eins*, lebst du in Harmonie mit dem Kosmos, hast du dich seinen heilenden Kräften geöffnet, ist der Krankheit der Boden entzogen. Es ›fehlt‹ dir nichts mehr. Du kannst geheilt, kannst im wahrsten Sinne des Wortes wieder heil werden.

»Was immer dir zustößt,
es ist dir zugedacht, es gehört zu dir.
Sobald du das begriffen hast,
spürst du die ordnende, heilende Kraft
eines anderen, eines größeren Seins.«

(Karlfried Graf Dürckheim)

6. Kapitel

Depressionen: Eine Chance zur seelischen Reifung

Der Weg aus dem Dunkel ins Licht – Das große Übel: Unser Ich-Streben – Keiner bleibt von Schicksalsschlägen verschont – Plötzlich konnte ich wieder tanzen und lachen – Gib deine Illusionen auf! – Unser Leben gleicht einem Roman – Erkenne deinen Gott – er ist in dir

Fast die Hälfte aller Bundesbürger leidet an Depressionen. Es sind wohl die quälendsten aller Schmerzen, von denen das Heer dieser Menschen geplagt wird. Sie leben in einem dunklen Käfig, aus dem es keinen Ausweg zu geben scheint. Sie können sich zu nichts mehr aufraffen und verlieren jegliches Interesse an der Umwelt. Ein dumpfer Schmerz sitzt in der Brust. Das Gefühl der Sinnlosigkeit erdrückt sie. Der Griff zur Tablette oder zur Flasche erscheint oft als einziger Ausweg.

Es ist kaum zu fassen: Pro Jahr sterben mehr Menschen durch die eigene Hand, als es Verkehrstote gibt! Und was tut man nicht alles, um dem Sterben auf unseren Straßen Einhalt zu gebieten?! Was aber wird für jene Verzweifelten getan, die keinen Sinn mehr im Leben sehen, die jegliche Hoffnung verloren haben?

Mit Sicherheit können Medikamente das Übel nicht an der Wurzel packen. Sie können allenfalls als Übergangslösung oder Notbremse dienen. Auch der Gang zum Psychotherapeuten bringt vielen Menschen nicht die erhoffte Erlösung vom ›Lebensschmerz‹. Außerdem scheuen nicht wenige Menschen davor zurück, sich einer Analyse zu unterwerfen.

Wie also kann dem Heer der Depressiven geholfen werden? *Selbsthilfe* lautet die Therapie. Nur leider wissen viele

Menschen nicht, daß sie sich selbst am eigenen Schopf aus der Verzweiflung ziehen können. Ja, mehr noch: Das wirksamste Mittel, seiner Depressionen – dieser Krankheit des Jahrhunderts – Herr zu werden, ist die Bereitschaft zur Selbsthilfe. *Psycho-Training* zeigt dir den Weg dazu.

Der Weg aus dem Dunkel ins Licht

Siddharta, der spätere Buddha, war einst voller Verzweiflung über die Unzulänglichkeit seines Erdendaseins. In dieser ›depressiven‹ Stimmung verließ er seine Heimat, gab sein Hab und Gut auf. Es dauerte nicht weniger als sechs Jahre, bis er zu der Erkenntnis kam: »Das Leben ist Leid. Und es wird immer Leid bleiben. Aber wir Menschen haben die Möglichkeit, dieses Leid ertragbar zu machen.«

›Leid ertragbar machen‹, sagte also Buddha. Aber wie können wir unser Leid ertragbar machen? *Indem wir es akzeptieren!* Selbst wenn wir noch so verzweifelt sind und mit Gott und der Welt hadern, können wir doch nichts anderes tun, als das Leid, das uns getroffen hat, zu ertragen. Schwer, ich weiß. Aber weißt du einen anderen Weg?

»Leid ist der schnellste Kutscher zur Vollkommenheit«, sagt der Mystiker Angelus Silesius. Und unserem großen Dichter Johann Wolfang von Goethe schreibt man den Ausspruch zu: »Leid macht den Menschen empfänglicher, tiefere Zusammenhänge zu ahnen.« Am Leid müssen wir also nicht zerbrechen. Im Gegenteil: Wir können an ihm wachsen, einsichtiger und reifer werden.

Wer eine Depression überwunden hat, ist durch die Hölle gegangen. Aber diese qualvolle Erfahrung hat ihm eine andere Sicht der Welt beschert, die er ohne Depression vielleicht niemals erreicht hätte. Deshalb sollten wir unseren Depressionen eigentlich dankbar sein. Sie sind gewissermaßen der Schmelzofen, in dem unsere Seele geläutert wird, damit wir endlich erkennen: *Ich darf mein Wohl und*

Wehe getrost einer höheren Macht anvertrauen. Einer Kraft, die sehr viel besser als ich weiß, was wirklich gut und nützlich für mich ist.

Das große Übel: Unser Ich-Streben

Wenn wir Vertrauen zum Lenker unseres Schicksals haben, dann kann uns nichts mehr geschehen. Dann ist alles richtig so, wie es *ist*. Auch unser Leid, unsere Krankheiten, unsere Sorgen. Ja, wenn da bloß nicht unser eigensinniges *Ich* wäre. Kindlich-trotzig besteht es darauf, sich eine Welt nach seinen ureigensten Vorstellungen zu basteln. Und hier liegt eben das große Übel

Immer sind wir krampfhaft auf der Suche nach dem Glück. Wir versteifen uns darauf, daß sich die Geschehnisse des Lebens nach uns richten müßten. Immer wieder wollen wir dem Rad des Schicksals korrigierend in die Speichen greifen. Und bei all diesen hoffnungslosen Versuchen, die trotzigen Wünsche unseres kleinen Ichs zu erfüllen, rinnt uns unser kostbares Leben wie Sand durch die Finger. Und anstatt zu leben, wirklich zu leben, vegetieren wir dahin. Brüten über unseren Problemen, sind verzweifelt und deprimiert.

Halt ein, mein Freund, das muß nicht sein! Du weißt es ja selbst. Es gibt einen Ausweg aus dem Dilemma. Der Weg, der aus dem Dunkel ins Licht führt, heißt: Nimm dein Schicksal an, erkenne deine Bestimmung. Der Sinn deines Lebens ist nicht mehr und nicht weniger, als dein Leben auf dem Platz zu leben, auf den man dich gestellt hat.

Sag *Ja* zu deinem Schicksal, was immer es dir auch bringen mag. Und deine Ängste, deine Depressionen haben dann keine Chance mehr, sich in deiner Seele einzunisten.

»Wie sich Sonne und Mond
nicht im trüben Gewässer widerspiegeln können,
so kann sich der Allmächtige

nicht in einem Herzen widerspiegeln,
das nur von der Idee des
›ich‹ und ›mein‹ getrübt ist.«

(Sri Ramakrishna)

Keiner bleibt von Schicksalsschlägen verschont

Immer wieder suchen uns Schicksalsschläge, Sorgen und Leid heim. Keiner bleibt davon verschont. Wir können uns dagegen nicht absichern, denn der Lauf des Lebens wird für uns Menschen immer unbegreiflich bleiben. Weder Klagen noch Fragen – ›Warum trifft es gerade mich?‹ – nützen hier etwas.

Wir müssen begreifen lernen – und immer wieder sei es gesagt: Da ist auch die dunkle Seite des Lebens, die nicht ausgeklammert werden kann – auch wenn wir sie gerne ausklammern würden. Aber das Leben hat nun mal Licht- und Schattenseiten. Wer das begreift und danach lebt, ist gut dran. Der wird mit allem fertig, was auch immer auf ihn zukommen mag. Der hat die Kunst des Lebens erfaßt.

Die Kunst des Lebens zu erfassen, bedeutet nicht mehr und nicht weniger: *Mit allem rechnen und mit allem einverstanden sein.* Übe dich in der Kunst des Lebens! Täglich und bei jeder Gelegenheit. Und wenn dich wieder einmal ein Schicksalsschlag zu Boden wirft, dann denke daran: Gut und Böse gehören nun einmal zusammen. Ebenso wie Tag und Nacht, Sonne und Regen. Wie könnten wir uns denn über die Sonne freuen, wären uns nicht auch düstere Regentage bekannt?

Du hast dich entschlossen, ein Lebenskünstler zu werden. Wunderbar! Dann weißt du, daß alles, was dich trifft, so sein darf. Es ist dir *zugedacht*. Du fragst nun nicht mehr nach dem Sinn, denn du weißt: *Nichts kann anders sein, als es ist.*

Mußt du nicht ein wenig lächeln, wenn du siehst, wie andere gegen ihr Schicksal rebellieren? Störrischen Eseln gleich, die sich dann doch ins Unvermeidbare schicken müssen. Um wie vieles besser bist doch du dran. Du nimmst dein Leben als ein Abenteuer, als ein Spiel, als einen Tanz.

Ja, das Leben ist ein Tanz! Und es fordert dich auf mitzutanzen. Alan Watts, einer der geistreichsten Denker dieses Jahrhunderts, sagt: »Das Leben ist wie eine schöne Frau. Es fordert dich auf zum Tanzen. Nicht du forderst die schöne Frau auf, sie fordert dich auf.«

Folge also dieser Aufforderung und tanze mit dem Leben! Du meinst, es sei nicht leicht, den richtigen Rhythmus zu finden? Sicher, einfach ist das nicht. Aber deswegen machen wir ja *Psycho-Training*. Mal wirbelt uns das Leben herum, daß wir kaum zu Atem kommen. Dann wieder gönnt es uns Pausen der Ruhe, und wir fühlen uns wunderbar harmonisch mit dem Takt unseres Lebens. Ganz plötzlich kann uns das Leben auch zu Boden werfen, und wir bleiben vielleicht mit einer gebrochenen Wirbelsäule liegen. Auch das gehört zum Lebenstanz!

Nimm, was kommt. Und tanze! Tanze bis die Musik ausklingt. Auch das Ausklingen ist schön. Weil es ganz einfach dazu gehört. Alles gehört dazu. Auch der Schicksalsschlag. Nimm ihn an, und er verliert seinen Schrecken.

Plötzlich konnte ich wieder tanzen und lachen

Die junge Studentin Doris K. aus München litt unter schweren Depressionen. Sie schrieb uns, wie sie dank *Psycho-Training* aus dieser lebensbedrohenden Krise herausfand.

»Ich war achtzehn Jahre alt, als ich an schweren Depressionen zu leiden begann. Ein Psychiater sprach von einer ›Sinnlosigkeitsneurose‹ und schlug mir eine große Analyse vor. Ich lehnte die Analyse ab, denn schon alleine dieses Wort löste Schrecken bei mir aus.

So quälte ich mich also weiter. Ich wurde regelrecht krank von meinen Depressionen. Ich bekam Schmerzen im Hals, im Brustraum, im Kopf, im Nacken. Ich sank immer tiefer in einen dunklen Keller, so daß mir manchmal der Tod als eine Erlösung erschien. Ich möchte heute behaupten, daß es keine schrecklichere Krankheit als Depressionen gibt.

Aber irgend etwas gab mir Hoffnung, daß sich alles einmal ändern würde. Und dann erfuhr ich durch ›Zufall‹ von *Psycho-Training*. Nach der 13. Lektion fühlte ich mich wie neugeboren. Von Depressionen keine Spur mehr! Ich betrieb wieder Sport und konnte endlich wieder lachen und tanzen. Ich fand Freunde und hatte plötzlich wieder Freude am Leben.

Wie war das möglich? Die täglichen Lektionen von *Psycho-Training* gaben mir Halt. Sie waren nun meine ständigen Begleiter. Ich war sehr glücklich, daß mir dank *Psycho-Training* die große Analyse erspart geblieben war.

Ich hatte niemals geglaubt, daß ich noch einmal ein so glücklicher und zufriedener Mensch sein würde. Ich glaube heute wieder an eine göttliche Allmacht. Das Fehlen dieses Glaubens – das äußerte sich wohl in meinen schlimmen Depressionen. Ich weiß heute, daß alles so sein muß, wie es *ist*.«

Gib deine Illusionen auf!

Einer unserer größten Fehler besteht darin, daß wir stets glauben, nur das Gute verlangen zu dürfen. Aber Gut und Böse gehören nun einmal zusammen – auch wenn uns das ganz und gar nicht passen mag.

Unsere Illusionen sind oft die größten Feinde unserer Lebensfreude. Gaukeln sie uns doch eine stets ›heile Welt‹ vor. Eine stets ›heile Welt‹ gibt es aber nicht. Rabindranath Tagore, der große indische Philosoph, sagt dazu: »Wir brauchen in der Landschaft unseres Lebens Höhen und Tiefen, wie unbequem sie auch sein mögen, damit unsere Gedanken und Kräfte tätig strömen können. Unsere Lebensreise ist eine Reise in einem unbekannten Land, wo

Hügel und Schluchten sich plötzlich uns in den Weg stellen und unseren Geist immer in Tätigkeit halten. Sie kommen nicht nach unserem Verdienst, sondern unser Verdienst wird danach geschätzt, wie wir sie überwinden.«

Zu unserem Erdendasein gehören nun einmal Freude *und* Leid. Auch Krankheit, Schicksalsschläge und der Tod gehören dazu. Wenn uns das einmal bewußt geworden ist, erst dann sehen wir, wie das Leben wirklich *ist.* Erst dann werden wir fähig sein, jeden Augenblick der Freude unseres Lebens zu nützen, um so besser gegen das Leid gerüstet zu sein. Wenn wir uns in unseren guten Zeiten mit positiven Energien aufladen, haben wir das beste Mittel in der Hand, auch unsere schlechten Zeiten ertragen zu lernen.

Was aber tun so viele Menschen? Wenn sie ein Schicksalsschlag trifft, beginnen sie von Ungerechtigkeit zu reden. Ohne zu wissen, was Gerechtigkeit eigentlich bedeutet. In ihrem Zorn, in ihrer Ohnmacht klagen sie den Schöpfer an, beginnen an ihm zu zweifeln. Sie fragen sich, kann es denn Gott überhaupt geben, wenn es mir so dreckig geht?

Aber die Leiden werden dadurch nicht weniger – ganz im Gegenteil. Sie erhärten sich. Nisten sich ein in den ungläubigen Seelen und führen den Menschen immer noch tiefer in die Verzweiflung oder Resignation. Warum begreifen diese armen Menschen denn nicht endlich, daß es aussichtslos ist, sich gegen das Schicksal zu wehren?

Alles geschieht, wie es geschehen muß. Nur wir Menschen glauben, daß wir unser Leben allein nach *unseren* Vorstellungen einrichten können. Welche Vermessenheit! Und welch gefährliche Illusion! *Wir müssen Abschied nehmen von unseren Illusionen.* In unserem eigensten Interesse. Und auf einmal fällt eine große Last von uns. Es ist wie eine Befreiung, wenn wir uns endlich mit dem Strom unseres Lebens einverstanden erklären. Wenn wir uns *eins* fühlen mit dem Strom des Lebens.

Gib also deine Illusionen auf! Hadere nicht länger mit deinem Schicksal! Du weißt ja, dein Aufbegehren bringt dir gar nichts. Sei ein bißchen demütig und sag ja zu deinem Leben und zu allem, was es für dich bereit hält. Dann lebst du im Einklang mit dem Schicksal und bist endlich *frei*. Frei dafür, dein einmaliges, unwiederbringliches Leben mit allem, was dazu gehört, auch wirklich zu leben. Möchtest du das denn nicht?

> »Mit der richtigen Einstellung sind wir zu ganz anderem mächtig, als wir selbst gemeinhin meinen. Der härteste Schicksalsschlag verwandelt sich zu einem Erlebnis des Einklangs. Wir vermögen dann, Unmögliches zu leisten und Unerträgliches zu ertragen.«
>
> (Karlfried Graf Dürckheim)

Unser Leben gleicht einem Roman

Jeder Mensch hat seinen Lebensroman. Und jeder Roman besteht aus Höhen und Tiefen. In deinem Roman bist du vielleicht gerade ganz ›unten‹ angelangt. Du windest dich am Boden und bist regelrecht am Boden zerstört.

Denk daran: Die Talsohle – das ganz ›Unten‹ – gehört dazu. Und so sicher, wie du jetzt ganz unten bist, wirst du einmal auch wieder ganz oben sein. Nimm ihn an, den Roman deines Lebens! Nimm es an, dein Leben! Fang endlich an, es in Einklang zu bringen mit dem Lauf des Schicksals!

Du kannst kein Sonderschicksal erwarten, ein Paradies auf Erden. Du mußt dich fügen, mußt dich beugen, wie alle anderen Erdenbürger auch. Womit hättest du dir denn ein Sonderschicksal verdient? Für deine Dankbarkeit gegenüber dem Schöpfer? Hast du ihn nicht überhaupt ein bißchen vergessen – deinen Schöpfer? Ist er dir in der Hektik der Tage nicht mehr und mehr zur Nebensache geworden? Oder ist er dir vielleicht sogar völlig abhanden gekommen?

Ich möchte dir raten, deinen Schöpfer langsam wieder zu

entdecken. Ich würde dir sogar raten, ihn zum Mittelpunkt deines Lebens zu machen. Denn du verdankst deinem Schöpfer dieses Leben. Es kann durchaus sein, daß du noch eine Weile brauchst, bis du zu der Einsicht gelangst, daß du ohne deinen Schöpfer nicht zu leben vermagst. Aber früher oder später wirst du ihn für dich entdecken. Du kannst es gar nicht anders, jetzt, da du auf dem Weg zur wahren Lebenskunst bist.

> »Niemand hat mir die Gewißheit nehmen können,
> daß ich gesetzt sei, das zu tun, was Gott will,
> und nicht, was ich will. Das gab mir oft das Gefühl,
> in allen entscheidenden Dingen nicht mit den Menschen,
> sondern allein mit Gott zu sein.«
>
> (C. G. Jung)

Erkenne deinen Gott – er ist in dir

Wer oder was ist Gott? Diese Frage stellen sich seit Jahrtausenden viele Menschen. Und die Antwort darauf? Selbst die klügsten Köpfe haben keine wirkliche Antwort gefunden. Denn die Frage nach Gott ist nicht mit dem Verstand zu beantworten. Aber höre, was die wirklich Weisen aller Zeiten erkannt haben: Es gibt keine andere Antwort auf die Frage nach Gott, auf die Frage nach dem Sinn des Lebens, als diese:

Lebe dein Leben!

Lebe es so, wie es dir zugedacht ist. Das ist die Antwort. Das ist der Sinn. Bist du nun enttäuscht? Dazu hast du nicht den geringsten Grund. Ganz im Gegenteil: Du kannst mit dieser Antwort glücklich sein. *Es gibt Gott – sonst gäbe es dich nicht.*

Nenn Gott, wie immer du willst: *Tao* oder die Allmacht oder den Schöpfer. Da ist ein *etwas* hinter *allem*. Eine große Kraft, die dich und die ganze Schöpfung am Leben erhält. *Keiner*, der einmal über diese Dinge nachdenkt, kommt darum herum, *Gott* oder die *Große Kraft* hinter allem zu erkennen.

Wir alle sind im Grunde unseres Herzens religiös. Weil wir Geschöpfe Gottes sind. Weil wir dieses Wissen von Anfang an in uns tragen. Nur: Unsere Religiosität ist oft verschüttet. Aber sie ist da. Sie wartet nur darauf, von uns freigelegt, entdeckt zu werden. Und auf einmal – so werden wir feststellen – können sogar Wunder geschehen.

Mit unserem Glauben kehrt unsere Freude am Leben zurück. Mit diesem Rückhalt können wir plötzlich sogar die schwersten Krankheiten besiegen. Wenn wir uns der allumfassenden göttlichen Kraft öffnen und ganz anvertrauen, sind wir selbst ein Teil des Göttlichen. Wir sind dann dem unendlichen Geist der Liebe und der Weisheit angeschlossen. Alles Sorgen und Bangen hat ein Ende. Wir sind frei – was könnte uns jetzt noch geschehen?

Gott zu erkennen, ist das wahrhaft Wesentliche deines Lebens. Aber suche ihn nicht in der Ferne – du trägst ihn in dir. Wie jedes Geschöpf auf unserem Erdball. Der iranische Mystiker Rumi erkannte nach dem Erlebnis der Erleuchtung:

> »Ich habe die ganze Welt auf der Suche nach Gott durchwandert und ihn nirgends gefunden. Als ich wieder nach Hause kam, sah ich ihn an der Türe meines Herzens stehen, und er sprach: ›Hier warte ich auf dich seit Ewigkeiten!‹ Da bin ich mit ihm ins Haus gegangen.«

7. Kapitel

Die Wunderkräfte in uns selbst

Der Schlüssel zur Seligkeit heißt: Erkennen – Stell keine Fragen mehr – Die Wunderheilungen von Pater Pio – In jedem von uns schlummert die göttliche Urkraft – Unsere Welt ist voll der Wunder – Die Kunst, deine Gedanken still werden zu lassen

In jedem von uns stecken sehr viel mehr Möglichkeiten, als wir ahnen. Wem es mit Hilfe von *Psycho-Training* gelingt, sein Bewußtsein zu erweitern, sich eine andere Sicht der Dinge anzueignen, zu einer neuen Lebenseinstellung zu finden, der vermag tatsächlich so etwas wie Wunderkräfte in sich zu mobilisieren.

Der Mensch, der erwacht ist, befindet sich »auf dem Weg zum Übermenschen«, sagt Sri Aurobindo, Indiens großer Philosoph. Wer die Schöpfung, wer Gott begriffen hat – und damit sein Leben, den Sinn seines einmaligen Lebens –, der zählt zu den ›Erwachten‹. Er befindet sich auf dem Weg zur Weisheit, zu *Satori*, auf dem Weg der Erleuchtung.

Der Erwachte versteht es, sich der großen kosmischen Kraft anzuschließen. Dann gibt es keine Blockaden, keine Schranken mehr, die der denkende Geist errichtet. Alan Watts, einer der geistreichsten Denker unserer Zeit, sagte dazu: »Mit einem auf diese Weise befreiten Geist wirst du in eine neue Welt blicken ... So neu, wie am ersten Tag der Schöpfung, als die Morgensterne miteinander sangen, und alle Geschöpfe Gottes vor Freude jubilierten.«

Der Schlüssel zur Seligkeit heißt: erkennen

Versuche dein Leben wirklich zu begreifen, es zu erkennen. Sei offen für seine Wunder. Und Wunder werden geschehen. Laß dein Leben zu, so, wie es dir von deinem Schöpfer zugedacht ist. Und die in dir schlummernden Kräfte, die Energien werden zu strömen beginnen. Werden dich mit einem ungeahnten Glücksgefühl erfüllen.

Du weißt doch schon lange, daß du in diesem Leben im Grunde genommen gar keine andere Wahl hast: Du kannst weiter mit Verbissenheit gegen den Strom deines Lebens anschwimmen. Das löst keines deiner Probleme, macht dich unglücklich, krank und traurig. Willst du das? Oder willst du dich nicht doch lieber der Schöpfung anheimgeben, dich dem Strom deines Lebens ohne Fragen anvertrauen?

Laß los! Das Ganze ist so schrecklich einfach – den meisten fehlt leider nur der Mut. Du aber als Lebenskünstler hast diesen Mut. *Laß los und du wirst mitjubeln, wie alle Geschöpfe Gottes, die das Leben wahrhaftig begriffen haben.*

Werde einfach Beobachter deines Lebens! Nimm wahr, ohne zu analysieren, ohne zu kritisieren. Steh über den Dingen. Sei der neutrale Beobachter – und dein Leben ändert sich von Grund auf. Weil kein Analysierender mehr existiert. Keiner, der urteilt: Das ist gut, das ist schlecht.

Als Beobachter werden wir eins mit dem, was gerade *ist.* Wir setzen uns nicht mehr in Widerspruch dazu. Und – o Wunder – plötzlich sind unsere Probleme keine Probleme mehr! Wir gestatten den Problemen, Probleme zu sein und gewinnen dadurch eine ganz neue Freiheit.

Ein unerschöpfliches Energiereservoir wird auf diese Weise frei. Um es mit den Worten eines alten Zen-Meisters zu sagen: »Friere, wenn es kalt ist! Schwitze, wenn es warm ist!« Das ist das ganze Geheimnis. So einfach ist alles.

Stelle keine Fragen mehr

Wir Menschen, wir ›Erdenwürmlein‹, wie Meister Eckhart zu sagen pflegte, werden die letzte Wahrheit niemals ergründen, und wenn wir unseren Kopf noch so sehr anstrengen. Und wir sollen diese letzte Wahrheit auch nicht ergründen. Denn hat nicht alles Übel damit begonnen, daß der Mensch vom ›Baum der Erkenntnis‹ aß?

Vom Baum der Erkenntnis essen – bedeutet: Wir wollen dahinterkommen, wie das eigentlich so ist mit dem Leben und dem Tod. Mit dem Guten und dem Bösen. Wir wollen erkennen, was eigentlich nur Gott weiß, wissen kann und soll. Wie erging es denn Adam und Eva, als sie vom Baum der Erkenntnis aßen? Sie wurden aus dem Paradies vertrieben!

Und dennoch fahren wir fort, uns gegen das zu wehren, was uns das Göttliche zugedacht hat. Wir wollen unser Schicksal selbst bestimmen und wollen sein wie Gott. Und wie weit hat uns das gebracht? Sind wir deswegen glücklicher geworden? Ich würde sagen: Nein, das Gegenteil ist der Fall.

Was ist also zu tun? Stell keine Fragen mehr! Und nimm das Leben an, wie das Leben gerade *ist*. Dann werden sich auch in deinem Dasein kleine und große ›Wunder‹ ereignen. Es werden Dinge geschehen, die du für Wunder hältst, die aber im Grunde nur die ganz natürliche Folge deines geänderten Bewußtseins sind.

Wenn du zum Werkzeug des Unbekannten, des *Tao*, wie die alten Chinesen es nannten, wirst, ist plötzlich alles möglich. Dann kann dein Geist, der Funke Gottes in dir, sogar auf Materie einwirken. Du glaubst mir nicht? Du zweifelst? Nun, ich gebe zu, ich habe es ja selbst nicht geglaubt. Aber die seltsamen Zufälle, mit denen ich im Laufe meines Lebens konfrontiert wurde, belehrten mich eines Besseren. Ein Ereignis von vielen, das mir zur Einsicht verhalf, ist das Wirken des italienischen Wundermönchs Pater Pio. Ich will davon erzählen.

Die Wunderheilungen von Pater Pio

Pater Pio heilte viele Menschen, denen die Ärzte keine Chance mehr gegeben hatten. Es waren Todkranke, die wußten, daß das eigene Wünschen und Wollen ganz unwichtig geworden war. Es waren Menschen, die sich dem göttlichen Wirken überließen. Und so konnte der stigmatisierte Mönch die Kraft Gottes an diese armen Kranken weitergeben.

Da ist das Beispiel der jungen Nicoletta. Sie hatte eine Gehirnhautentzündung und lag seit sechs Monaten im Koma. Die Ärzte meinten, selbst wenn das Mädchen am Leben bliebe, würde es im besten Fall blind, taub und stumm sein. Die Eltern waren verzweifelt. Doch als Pater Pio sich des Mädchens annahm, erwachte es aus seinem Koma und begann zu sprechen, deutlich zu sprechen. Von diesem Tag an wurde Nicoletta ganz gesund.

Du kannst jetzt vielleicht einwenden, das könne ein Zufall gewesen sein und habe mit ›Wundern‹ gar nichts zu tun. Das kannst du natürlich halten, wie du willst. Ich aber glaube, es war ein Wunder. Ein Wunder, das nur möglich wurde, weil die kleine Nicoletta in ihrer Krankheit ganz wehrlos war. Sie war ein Werkzeug des Unbekannten, dem durch das Stigma des Paters Pio heilende Kräfte aus dem Kosmos, von Gott, zuflossen. Glaubst du immer noch nicht, daß es solche Wunder gibt?

> »Als du mich riefst, lag ich schlafend im Schatten meiner Mauern und hörte dich nicht. Dann schlugst du mich mit deiner Hand, und ich erwachte in Tränen.
> Ich sprang auf und sah, daß die Sonne aufgegangen war, daß die Flut den Ruf des Meeres gebracht hatte und mein Boot, zur Fahrt bereit, auf dem Wasser schaukelte.«
>
> (Rabindranath Tagore)

In jedem von uns schlummert die göttliche Urkraft

Das göttliche Feuer der Urkraft schlummert in jedem von uns. Wir können es uns nutzbar machen, wenn wir nur wirklich wollen. Der Weg dorthin? Werde zum Werkzeug des Unbekannten, des *Tao*. Laß alles geschehen, wie es dir *zugedacht* ist, und plötzlich wird alles möglich.

Sei offen für das Wunder des Lebens, dann werden Wunder geschehen. Urplötzlich wird dir bewußt werden, wie unbedeutend deine Sorgen und Probleme doch sind. Dann fallen sie von dir ab, wie welke Blätter von den Bäumen. Und du erkennst, daß du dich geborgen fühlen kannst in der göttlichen Urkraft. Du bist dann wie ein Kind, das weiß: Es ist für mich gesorgt. Da ist jemand, der mich hält, zu dem ich Vertrauen haben kann, der alles zu meinem Besten tut.

Doch nur in der Stille kannst du zu deinem Gott, zum Einswerden mit der Urkraft finden. Suche daher die Stille und wende dich ab von der Hektik und Zerrissenheit der Welt. Erst wenn du ruhig geworden bist und dich nicht mehr wehrst gegen den Strom deines Lebens, können die kosmischen Energien dir zufließen.

Sri Aurobindo sagt über das Schweigen: »Es wird dem Sucher immer leichter fallen, die Schwingung des Schweigens wiederzufinden. Er wird feststellen, daß sie da ist, immer vorhanden ist, wie eine bläuliche Tiefe im Hintergrund. Daß er sich dort beliebig erfrischen und entspannen kann, sogar wenn Lärm und Sorgen ihn umgeben. *Der Mensch wird dann erkennen, daß er in sich selbst einen unverletzlichen und ruhestrahlenden Zufluchtsort beherbergt.«*

Ziehe dich also von nun an immer häufiger in deinen ruhestrahlenden Zufluchtsort zurück. Wenn du regelmäßig meditierst, wirst du schon bald den Strom der göttlichen Wärme, *Agni*, wie es die Inder nennen, in dir spüren. Du bist dadurch der göttlichen Urkraft angeschlossen, fühlst dich eins mit Gottes Schöpfung. Ein wunderbares Gefühl der Harmonie wird dich dann erfüllen und du weißt: Es kann dir nichts mehr geschehen.

»Übe die Regungslosigkeit,
beschäftige dich mit Untätigkeit,
finde im Verzicht Genuß,
und du siehst das Große im Kleinen,
das Viele im Wenigen.«

(Laotse)

Unsere Welt ist voll der Wunder

Unsere Welt ist tatsächlich voller Wunder. Du erkennst sie, wenn du zu einem neuen Bewußtsein gelangt bist, wenn du zu ahnen beginnst, daß du mit der göttlichen Urkraft verbunden bist. Der Weg zu deinem neuen Bewußtsein führt über die Stille, über die Meditation. Das muß man üben. Täglich. Du darfst nicht müde werden dabei, geht es doch darum, deine Seele zu befreien, damit sie am wirklichen Leben teilhabe. Alan Watts sagt dazu: »Du selbst bist es, der wählen kann, zwischen dem panischen Schwimmen gegen den Strom und der Erkenntnis einer neuen Welt, umgestaltet und immer voller neuer Wunder . . .«

Sri Aurobindo erklärt uns, daß der Mensch, der dieses neue Bewußtsein erlangt, auf dem Weg zum ›Übermenschen‹ ist. Dem Übermenschen, der nicht nur göttlich ist, sondern eine Verkörperung der göttlichen Kraft selbst.

»Ich und der Vater sind eins«, das waren schon die Worte von Jesus Christus. Unsere Sehnsucht nach seelischer Weiterentwicklung, nach dem Einswerden mit dem göttlichen Ursprung ist in jedem von uns seit Anbeginn der Zeiten vorhanden.

In seiner Vision vom Übermenschen sagt Aurobindo:

»Die Evolution ist das ewige Aufblühen einer Blume, die schon von jeher Blume war. Ohne dieses Samenkorn in der Tiefe würde sich nichts von der Stelle rühren, denn es gäbe nichts, wozu man irgendwelchen Antrieb hätte – dies aber ist die treibende Kraft der Welt. Es ist unser zentrales Wesen. Aber dieses zentrale Wesen befindet sich nicht irgendwo an einem Punkt; unvorstellbar ist es im Herzen aller Dinge und umfaßt sie alle zugleich.«

Die zur Reife gelangte Seele findet ihren Ursprung wieder. Jene Mauern, die unser bewußtes Leben eingekerkert hielten, werden durchbrochen. Jedes Gefühl von einem Dasein als Einzelwesen oder Person, von irgendwelcher Festlegung in Raum oder Zeit geht verloren. Es gibt kein Ich, keine bestimmte oder bestimmbare Person mehr, sondern nur Bewußtsein, nur Sein, nur Friede und Seligkeit.

»Eines Schatten Traum ist der Mensch.
Doch naht ihm ein heller gottgesegneter Glanz,
dann leuchtet strahlend ein Licht dem Menschen,
und leicht wird das Leben.«

(Pindaros Pindar)

Die Kunst, deine Gedanken still werden zu lassen

Wenn du meditativ lebst, dann überläßt du dich mehr und mehr der Gedankenstille, der Gedankenleere. Du denkst dann an nichts. Du stellst dein Denken um auf das *Hier* und *Jetzt.* Wie kann man das?

Du entspannst dich. Entspannst deine Muskeln, läßt ganz locker. Du atmest ein paarmal tief ein und aus. Und auf einmal stellst du fest: Ich atme ja gar nicht! Ich brauche überhaupt nichts dazu zu tun. Es atmet *von selbst.* Ist das nicht ein Wunder?

Und dann beobachte, was sonst noch alles *von selbst* geschieht. Ein Vogel singt. Deine Ohren hören diesen Gesang *von selbst.* Auch deine Augen sehen *von selbst.* Vielleicht betrachtest du gerade schöne Blumen oder einen Baum oder die Wolken, die am Himmel ziehen. Und plötzlich erwärmt sich dein Herz auf wunderbare, unerklärliche Weise.

Freude wird als Wärme empfunden. Als ein Strom. Laß diesen Strom in dir fließen. Mut, Kraft und Freude breiten sich dann in dir aus. Freude über dein einmaliges, unwiederbringliches Leben.

Dein Blick geht zum Himmel. Dort erkennst du diesen herrlichen wärmenden Feuerball, den wir als Sonne bezeichnen. Der Himmel ist tiefblau. Du kannst also Farben unterscheiden. Deine beiden winzigen Pupillen ermöglichen dir das. Ein Wunder! Meinst du nicht auch?

Du fängst an zu meditieren. Du fängst an, dir die Gedanken um die Zukunft abzugewöhnen. Du fängst an, wirklich und wahrhaftig zu leben. Nun wird es stiller und stiller in dir. Und du fühlst das Leben. Du ›schmeckst‹ es, wie Meister Eckhart sagte. Tut dir das nicht unendlich gut? Fühlst du, wie du ruhig und immer ruhiger wirst? Wie sich alle diese schönen Empfindungen, diese Wärme in dir ausbreiten?

Nun bist du der kosmischen Urkraft angeschlossen. Bist eins mit der Schöpfung. In diesem meditativen Zustand zählt nur mehr das *Jetzt* und *Hier*. Keine Sorgen mehr, keine Probleme – nur Ruhe, Frieden, Seligkeit. Du bist total einverstanden mit allem, was *ist*. Du weißt, alles darf so geschehen, wie es dir zugedacht ist. Was für ein Leben! Merkst du es?

Du bist frei!

»Freue dich, denn die Fesseln der Nacht sind zerbrochen, die Träume sind geschwunden.
Deine Welt hat ihre Schleier zerrissen, die Knospen des Morgens sind offen;
wach auf, o Schläfer! Der Gruß des Lichts breitet sich von Osten nach Westen, und an den Wällen des zertrümmerten Kerkers erhebt sich Siegesgesang.«

(Rabindranath Tagore)

8. Kapitel

Die Probleme dieser Welt

Es gibt keine Sicherheiten in unserem Leben – Wir machen Ordnung in unserem Herzen – Wo ein Wille ist, ist auch ein Weg? – Gedanken werden Wirklichkeit – Laß deine Seele nicht länger darben! – Jeder Tag ist ein neuer Tag

Kein Leben gleicht einem anderen Leben. Keine Minute gleicht der nächsten Minute. Und: Jeder Mensch hat auch seine ureigensten Probleme. Was sind deine Probleme?

Fürchtest du dich vor dem Tod oder einer Krankheit oder einem neuen Krieg? Hast Angst, den Arbeitsplatz zu verlieren und nicht mehr genügend Geld für dich und deine Familie zu verdienen?

Oder sorgst du dich um einen lieben Menschen, der krank ist, der leidet und vielleicht bald sterben wird?

Hast du Kummer mit deiner Familie? Mit deinem Partner oder deinen Kindern? Glaubst du, dein Partner könnte dich betrügen oder verlassen? Fühlst du dich unverstanden und lieblos behandelt? Oder leidest du darunter, weil eines deiner Kinder ›auf die schiefe Bahn‹ geraten ist, wie du meinst. Und du mußt ohnmächtig zusehen, ohne irgend etwas für dein Kind tun zu können.

Vielleicht bist du auch krank? Hast Rheuma oder Migräne, Herzbeschwerden oder Magenschmerzen? Oder bist du mit dir selbst nicht zufrieden, weil du manchmal unbeherrscht und zornig wirst? Weil du dazu neigst, neidisch auf andere Menschen zu sein? Weil du schwer vergessen und verzeihen kannst? Weil du ungeduldig und hektisch bist? Weil du zu viel rauchst und trinkst und genau weißt, daß dein Körper und deine Seele unter deinen Exzessen leiden?

Was immer deine Probleme sein mögen, in diesem Kapitel gehen wir daran, deine Probleme einmal genau zu betrachten. Und sei sicher: So manches davon wird sich dann in Luft auflösen.

Du glaubst mir nicht? Nun, dann laß dir erzählen, wie es mir geglückt ist, mir einen Großteil meiner Probleme vom Hals zu schaffen. Und was ich konnte, das bringst auch du sicher fertig. Du bist doch jetzt auf dem besten Weg zum Lebenskünstler!

Es gibt keine Sicherheiten in unserem Leben

Der Mensch unserer Wohlstandsgesellschaft möchte abgesichert sein gegen alle Eventualitäten. Er verlernt in zunehmendem Maße, die Verantwortung für sich selbst zu übernehmen. Er scheut sich vor dem Risiko.

Paradox ist das, findest du nicht auch? Wir wissen doch schon lange, daß unser ganzes Leben ein Risiko ist, ein Abenteuer, ein Spiel. Ein Spiel, in dem nicht wir die Regie führen. Was aber tun wir?

Wir lassen uns beispielsweise gegen Krankheiten versichern und tun gleichzeitig alles nur erdenklich Mögliche, um wirklich krank zu werden. Wie wir das machen? Wir gestatten unseren Sorgen und Ängsten, unseren Problemen, daß sie uns ›auffressen‹. Unser Ehrgeiz treibt uns zu immer größeren Leistungen, und wir bezahlen mit unserer Gesundheit. Wir lassen unsere Seele darben und wundern uns dann, daß sich Unlust und das Gefühl der Sinnlosigkeit einstellen. Wir leben ungesund und unvernünftig und ruinieren unseren Körper und unsere Seele. Was nützt uns da noch die beste Krankenversicherung?

Wir, die wir Psycho-Training machen, lernen es ab sofort, mit unseren Problemen richtig umzugehen, sie an jenen Ort zu stellen, der ihnen gebührt! Du wirst sehen, wie viele deiner Probleme sich dann ganz einfach in Luft auflösen. Wie von einer Zentnerlast befreit, wirst du dann plötzlich grenzenlose Erleichterung fühlen.

Zu schön, um wahr zu sein, meinst du jetzt? Nun, laß uns mit unserem Versuch weitermachen. Dann wirst du selbst feststellen, wie du den wildgewordenen Haufen deiner Probleme in die Schranken weist – und wie dadurch ein Großteil davon an Schrecken für dich verliert.

Wir machen Ordnung in unserem Herzen

Eine alte chinesische Weisheit lautet: »Der Mensch bringt sein Haar täglich in Ordnung. Warum nicht auch sein Herz?« Laß uns also die Ordnung in unseren Herzen herstellen! Bei diesem Ordnen gelangen wir zu der Einsicht, daß es Dinge in unserem Leben gibt, die wir nicht ändern können. Daß es Probleme gibt, die sich ganz und gar der Beeinflussung durch unseren Willen entziehen.

Warum sollten wir also noch eine einzige Minute unseres kostbaren, einmaligen Lebens damit vergeuden, gegen unabänderliche Tatsachen anzukämpfen? In diesem Kampf sind wir immer die Unterlegenen. Denn wir können nicht gegen den Strom unseres Lebens schwimmen, so sehr wir uns auch anstrengen mögen. Wir verlieren dabei nur unsere wertvollen Lebensenergien. Und anstatt uns vertrauensvoll vom Strom unseres Lebens tragen zu lassen, ziehen wir uns in die öde Wüste unserer Ängste und Verzweiflung zurück und sinnen immer wieder auf neue Pläne, wie wir das Unabänderliche doch noch ändern können.

Halt ein, mein Freund, bitte! Du weißt doch schon lange, dein störrisches Aufbegehren bringt dich nicht weiter. Es führt dich nur immer noch tiefer in die öde Wüste des Abgeschnittenseins vom Strom deines Lebens hinein. Willst du dort verdorren? Oder willst du dich nicht doch vielleicht lieber dem Leben zuwenden? Deinem einmaligen, kostbaren, unwiederbringlichen Leben, das auch für dich so vieles an Schönem bereithält. *Sei endlich einsichtig und erkenne: Das, was ich im Moment nicht zu ändern vermag, das ist meiner Gedanken nicht wert. Ich belaste mich nicht mehr mit solchen nutzlosen Gedanken.*

Du wirst jetzt vielleicht einwenden: Ja, aber meine arme Mutter ist so krank. Und ich sorge mich nun mal um sie. Vielleicht sagst du aber auch: Mein Sohn ist in schlechte Gesellschaft geraten, und da soll ich nicht beunruhigt sein? Oder du meinst, daß du von anderen Menschen ausgenützt, nicht verstanden oder schlecht behandelt wirst, und das wiederum vergällt dir die Lebensfreude. *Stop*!

Mach bitte sofort einen dicken Strich durch diese Probleme! Du läßt dich ab sofort nicht mehr davon quälen!

Klingt das hart, herzlos, fatalistisch? Aber bedenke doch, daß du in dieser Stunde, an diesem Tag nichts ändern kannst. Nichts an der Krankheit deiner Mutter zum Beispiel. Alles, was du für sie tun kannst, ist, ihr deine liebevolle Zuwendung zu schenken. Aber wie willst du das können, wenn du selbst von Kummer und Sorgen gepeinigt durch das Leben schleichst?

Morgen, übermorgen vielleicht kann sich eine völlig neue Situation ergeben. Und dann plötzlich hast du den richtigen Einfall, wie deiner Mutter, deinem Sohn oder dir selbst zu helfen ist. Wenn du aber verbohrt auf deinem Unglück beharrst, wird dir dic richtige Idee nicht zu-fallen. *Hab also Vertrauen zum Lenker deines Schicksals!* Du weißt doch schon lange: Alles kommt ohnehin so, wie es kommen *muß*.

> »Wenn es dir schwer zumute ist, dann leidest du an Erinnerungen an Vergangenes oder an Sorgen um die Zukunft.
> Bedenke, dein Leben spielt nur in der Gegenwart.
> Auf sie richte alle deine Kräfte –
> und all deine Leiden um Vergangenes und alle deine Sorgen um Kommendes, sie schwinden dahin.
> Und du fühlst nichts als Freiheit und Freude.«
>
> (Östliche Weisheit)

Wo ein Wille ist, ist auch ein Weg?

Laß deine Sorgen um die Zukunft! Du weißt ja doch nicht und wirst es auch nie wissen, was sie dir noch alles bringen wird. Kann sein, daß du deinen Arbeitsplatz verlierst. Na und? Vielleicht war es gar nicht die richtige Arbeit für dich. Vielleicht findest du bei einer anderen Arbeit viel eher Freude und Anerkennung. Ohne ständig unter einem mörderischen Leistungsdruck zu stehen, der dich kaputtmacht. Wer weiß?

Kann sein, daß sich dein Partner von dir trennt. Na und? Es wird sicher Gründe dafür geben. Und vielleicht bist du dann endlich befreit vom ständigen Streit, von Nörgeleien und Lieblosigkeiten, die deine Lebensfreude schon seit langem gar nicht aufkommen ließen. Wer weiß?

Alles kommt so, wie es kommen muß. Wir, die wir *Psycho-Training* machen, wissen das und lehnen uns nicht länger gegen unser Schicksal auf. Wir wissen, daß uns auch Unglücksfälle treffen können, denn das Leben besteht nun einmal nicht nur aus Freude. Auch die ›dunkle Seite der Wahrheit‹, das Leid, gehört dazu. Und bringt uns nicht häufig ein Schicksalsschlag zur Besinnung, zur Einsicht, zur Umkehr?

»Der Schmerz ist der große Lehrer der Menschen. Unter seinem Hauch entfalten sich die Seelen ...«, sagte die österreichische Dichterin Marie von Ebner-Eschenbach. Ein Leben ohne Schmerzen ist nicht denkbar, ja, nicht einmal sinnvoll. Denn an unseren Schmerzen reifen wir, finden den Weg zur wahren Lebenskunst. Doch wie verhält es sich mit den Schmerzen, die wir uns selbst zufügen? Mit diesen unseren Eigenschaften, die wir selbst abscheulich finden, und die wir ablegen möchten?

Wo ein Wille ist, ist auch ein Weg! Wenn du darunter leidest, daß du unbeherrscht und zornig bist, daß dich dein Ehrgeiz auffrißt, daß du nicht verzeihen und vergessen kannst, dann ist das für dich ein großes Problem. Ein Problem, das dir nicht selten einen Strich durch deine

Lebensfreude macht, das dir das Zusammenleben mit anderen erschwert. *Es ist aber auch ein Problem, das du ändern kannst, denn es unterliegt der Beeinflussung durch deinen Willen.* Schwer, ich weiß. Aber deswegen machst du ja *Psycho-Training*.

Auch deine Krankheiten bereiten dir Schmerzen. Überleg einmal: Vielleicht bemühst du dich nicht konsequent genug darum, etwas Wirkungsvolles gegen deine Beschwerden zu tun? Vielleicht fährst du fort damit, ungesund zu leben? Zu viel zu rauchen, zu viel zu trinken, keine Bewegung zu machen, nicht an die frische Luft zu gehen? Wie willst du denn so gesund werden?

Vielleicht leidest du aber auch an deiner Ungeduld, deiner Nervosität, deinem Neid und Mißtrauen, deinem Streben nach Sicherheit, deiner Geltungssucht, deinem Egoismus? Welche Eigenschaft auch immer dir an dir selbst nicht gefällt, bitte merke dir: *Du kannst dich ändern, wenn du es nur wirklich willst!*

Gedanken werden Wirklichkeit

»Jede feste Vorstellung hat die Tendenz, sich zu verwirklichen«, heißt der berühmt gewordene Satz des Berliner Nervenarztes Professor J. H. Schultz. Nun, was bedeutet denn dieser Satz? Er bedeutet nicht mehr und nicht weniger als: *Alles, was wir in unserer Vorstellung Gestalt annehmen lassen, wird Wirklichkeit.* Wenn wir auch Dinge, die auf uns zukommen, nicht beeinflussen können, so haben wir doch die Möglichkeit, *uns selbst* zu ändern. Unsere negativen Eigenschaften, unter denen wir leiden, abzulegen. Ohne intensive Arbeit geht das allerdings nicht. Aber deswegen machen wir ja *Psycho-Training*. Und Professor Schultz hat uns dazu ein unvorstellbar wertvolles Werkzeug zur Selbstbehandlung hinterlassen: das Autogene Training.

Wünsch dir, wünsch dir von ganzem Herzen und stell es

dir immer wieder vor, daß du gesund, froh und zufrieden bist, und du wirst es sein.

Stell dir vor, stets mit Liebe und Verständnis auf deine Mitmenschen zuzugehen, und du wirst es tun. Ist das nicht wunderschön?

Glaube daran, daß auch in dir die Fähigkeit schlummert, ein gelassener, sicherer, zufriedener, lebensbejahender, heiterer Mensch zu sein, und du wirst es sein.

Deiner Fantasie sind dabei keine Grenzen gesetzt. Wenn du dich tagtäglich fest auf deine positiven Vorstellungen konzentrierst, kannst du tatsächlich zu einer Art ›Übermensch‹ werden. Das ist keine leichte Arbeit, ich weiß. Aber diese Arbeit an dir selbst entschädigt dich reich. Öffnet sie dir doch die Tore zu einem befreiten, glücklichen Leben in Harmonie mit dir und deinem Leben. Kann es etwas Beglückenderes für dich geben? Wovor solltest du dich dann noch ängstigen? Worüber dir Sorgen machen? Wo bleiben dann so manche deiner Probleme? Sie existieren ganz einfach nicht mehr!

> »Ein angenehmes und heiteres Leben kommt nicht von äußeren Dingen; der Mensch bringt aus seinem Innern wie aus einer Quelle Lust und Freude in sein Leben.»
>
> (Plutarch)

Laß deine Seele nicht länger darben!

Mit Hilfe von *Psycho-Training* kommst du zu ganz neuen Einstellungen dem Leben gegenüber. Du erkennst, daß deine alten Standpunkte schlichtweg falsch waren. Ja, mehr noch: Sie haben dich ins Unglück geführt.

Beschäftigte dich daher täglich mit diesem Buch! Es ist Nahrung, Balsam für deine Seele. Leider vergißt man im Trubel des Alltags nur allzu gerne die neugewonnenen Einsichten. Du mußt daher jeden Tag von neuem mit deinem *Psycho-Training* beginnen. Das Lesen dieses Buches ist die reinste Medizin für dich. Glaube es mir.

Worte, Sätze, die du liest, versetzen dich in einen meditativen Zustand. Sie helfen dir, dich zu entspannen, deine Harmonie wiederzufinden, deine körpereigenen Abwehrkräfte zu entfalten. In diesem meditativen Zustand kannst du dich öffnen und vertrauensvoll dem kosmischen Urstrom anschließen. So viel Kraft und Freude werden dir daraus zuströmen.

Deine Seele wirkt auf den Körper ein. Wenn sich deine Seele harmonisch eingebettet fühlt in die Schöpfung Gottes, dann kann deine Seele gesunden. Und eine gesunde Seele verhilft auch deinem kranken Körper wieder zur Heilung. Wie viele Krankheiten sind psychosomatisch bedingt. Du weißt es ja selbst, was das bedeutet: Der Körper wird krank, weil die Seele leidet. Sorge also für das Heil deiner Seele, und auch dein Körper wird gesunden.

Wenn du weiter ›ohne Seele‹ lebst, wirst du bald wieder in den alten Trott verfallen: Du fühlst dich unglücklich, müde, ausgelaugt, krank. Beziehe deine Seele mit ein in dein Alltagsleben, laß sie nicht mehr darben, und du öffnest dem Glück Tür und Tor. Die wirklich Weisen dieser Welt predigen uns seit Jahrtausenden: *Die Tür zum wahren Glück öffnet sich nur nach innen.*

Öffne diese Türe! *Psycho-Training* hilft dir dabei. Beschäftige dich täglich mit *Psycho-Training* – und wenn es nur ein paar Minuten sind. Du lebst dann dein *wahres* Leben, bist am anderen Ufer des Flusses, auf der Sonnenseite. Versuch es und mach selbst diese Erfahrung. Immer häufiger wirst du dann das wunderbare Gefühl erfahren, in Harmonie mit der Schöpfung zu sein.

Wenn sich deine Vorstellungen von einem glücklicheren, gesünderen, erfolgreicheren Leben nicht sofort realisieren, dann bitte, laß ihnen Zeit! Bleibe geduldig, aber laß nicht nach in deinen Bemühungen. Sei gewiß: Jeder Tag, den du mit Konsequenz deiner Verwandlung widmest, bringt dich deinem Ziel ein Stück näher.

Jeder Tag ist ein neuer Tag

Wir alle sind mit der göttlichen Urkraft, dem *Tao*, der Schöpfung verbunden. Wenn uns das endlich bewußt wird, dann haben Leid und Mühsal ein Ende. Sie klopfen dann vergebens an unsere Türe. Denn wir wissen, Leid gehört zum Leben, und man kann Leid erträglich machen. Die Kunstlehrerin Lilian W. aus Zürich hat dank *Psycho-Training* die große Verwandlung erlebt. Sie schreibt uns dazu:

»So viele traurige Gesichter um mich herum.
So viel Trübsal, so viele Sorgen.
Ich aber kann immerzu lachen,
ich nehme den Tag, wie er auf mich zukommt.
Ich nehme die Stunde, was immer sie mir bringt.
Schimpfen die Menschen mit mir,
dann laß ich sie schimpfen.
Wer mich hassen will,
der mag mich hassen:
Ich gebe den Menschen keine Ursache dafür.
Trifft eine schlechte Botschaft ein,
so kann es keine gute sein:
Tao hat es so gewollt.
Werd' ich einst müde sein
und mich zum Sterben hinlegen,
so werde ich es fröhlichen Herzens tun:
Weiß ich doch,
daß ich dorthin zurückgehen werde,
woher ich einst kam.
Ich seh die Heimat wieder,
von der ich auszog.
Aber noch sind meine Augen geöffnet,
und noch atmet meine Lunge die Luft dieser Erde.
Tao ist alles. *Tao*, Göttliches.
Die Sonne und das Universum,
die Erde und auch *ich*.«

9. Kapitel

Harmonie und glückliche Zufälle

Werde still, und Wunder können geschehen – Über die Meditation findest du zur Harmonie – Von Alltags- und Sonntagsmenschen – Die neue Frömmigkeit: Gott ist ganz anders – Die Tür zum Glück öffnet sich nur nach innen

Unsere Welt ist so voller Schönheit und Farbe für den, der wirklich sehen kann. Wir ›übersehen‹ all diese Herrlichkeiten in unserer täglichen Hetze, unserem täglichen Trott. Diese Eindrücke gelangen oft gar nicht mehr in unser Bewußtsein.

Unsere Seele ist das Göttliche in uns. Wenn wir die spirituelle Seite unseres Wesens in uns entdecken, sie zu ihrem Recht kommen lassen, eröffnen sich uns ungeahnte Möglichkeiten. Dann sind wir dem nie versiegenden universellen Kraftstrom angeschlossen, dem unsere Welt ihr Entstehen verdankt. Dann ist uns nichts mehr unmöglich. Dann verliert selbst ein Wort wie ›unheilbar‹ sein bedrückendes Gewicht. Dann kannst du buchstäblich Berge versetzen.

Doch wer untergräbt immer wieder unsere Sehnsucht nach der Einheit mit dem göttlichen Urstrom? Es ist unser Verstand. Ja, unser Verstand. Immer wieder will er uns weismachen, wie wichtig er für uns ist. Dabei ist er nichts weiter als ein Helfer im Alltag – aber über dein Glück, dein Wohlergehen, deine Gesundheit und deinen Frieden entscheidet allein deine Seele.

Die Seele – was ist das eigentlich? Die Seele ist dein geheimer Fühlfaden hinauf zur kosmischen Urkraft. Hast du deine Seele vom Schutt der Alltagssorgen befreit, stimmt der Kontakt wieder, dann kann der Strom wieder fließen. Jener göttliche Strom, der dir ungeahnte Kräfte verleiht.

Wage den Versuch und entdecke deine Seele! Sie ist da, sie wartet nur darauf, daß du sie endlich aus dem Gefängnis befreist, in dem sie schon so lange darbt.

Werde still, und Wunder können geschehen

Komm mehr und mehr zur Ruhe. Finde dein wahres Wesen, dein wahres Selbst. Das Selbst? Was ist das Selbst? Unser Selbst ist etwas, das *von selbst* ist. Nicht wir haben es geschaffen. Das hat ein Größerer vollbracht.

Mischen wir uns also nicht mehr ständig in die Angelegenheiten unseres Schöpfers. Leben und agieren wir nach dem Motto: *Was Gott tut, ist wohlgetan.*

Wir stellen keine überflüssigen Fragen mehr. Quälen uns nicht mehr mit den vielen ›Warum‹ und ›Wieso‹. Wir verlassen die alten ausgetretenen Pfade und beschreiten neue Wege. *Der Weg, den wir beschreiten, führt von innen nach außen.* Du, ich, wir alle, die wir *Psycho-Training* machen, haben erkannt: *Der Weg zu einem sinnvollen, glücklichen Leben kann nur von innen nach außen führen. Erst wenn wir innerlich ruhig und harmonisch geworden sind, glätten sich auch die Wogen des äußeren Lebens. Dann können tatsächlich Wunder geschehen, und ganz plötzlich hast du Glück!*

Du glaubst mir nicht? Nun, dann betrachte einmal deinen Alltag, der dir oft genug grau und trostlos erscheint. Draußen: Da ist der Beruf, die Auseinandersetzung, der Streit mit anderen. Draußen: Da sind auch die Niederlagen, der Streß und die Hektik, die immer neuen Plagen mit den Unzulänglichkeiten des Lebens. Willst du im Ernst diesem Mob von Quälgeistern auch weiterhin gestatten, sich in deiner Seele einzunisten und dich zu martern?

Halt ein, mein Freund! Das kannst du doch nicht wirklich wollen! Gönn deiner armen Seele doch endlich jene Ruhe, die sie so dringend braucht. Stell die Harmonie in dir her, und deine Harmonie wird von dir auf andere Menschen übergreifen. Sie wird sie förmlich anstecken. »Das Lächeln, das du aussendest, kehrt zu dir zurück«, sagt eine alte chinesische Weisheit. Dasselbe gilt für deine Harmonie, für deine Lebensfreude.

Bist du harmonisch gestimmt, wirst du auf einmal den richtigen Menschen begegnen. Jenen Menschen, die deine ›geistigen Verwandten‹ sind, die mit dir auf derselben ›Wellenlänge‹ liegen. Wie schön für dich! Du wirst Freunde finden, und so mancher glückliche Zu-fall wird sich in deinem Leben ereignen. Und das sollen keine Wunder sein? Ich meine, das sind Wunder. Werde also nie müde, trotz sämtlicher Widerwärtigkeiten des Lebens immer wieder die Harmonie in dir selbst herzustellen, immer wieder eins zu werden mit dem göttlichen Kraftstrom.

Laß es von nun an nicht mehr zu, daß sich die Sonne in deinem Herzen verdunkelt. Laß sie in dir scheinen! Ihr Strahlen wird auch deine äußere Welt erhellen. Und die Plagen des Daseins verlieren ihre Schrecken. Wage den Versuch! Du kannst dabci nur gewinnen.

> »Halt fest am Glauben, mein Herz, der Tag wird dämmern. Der Same der Verheißung schlummert tief unter der Erde, er wird hervorsprießen.
> Der Schlaf wird sein Herz wie eine Knospe dem Licht öffnen, und das Schweigen wird eine Stimme finden.
> Der Tag ist nahe, wo deine Last dir zur Lust wird und dein Leid zum Licht, das deinen Pfad erhellt.«
>
> (Rabindranath Tagore)

Über die Meditation findest du zur Harmonie

Du hast bis jetzt ein ›normales‹ Leben gelebt – das Leben der großen Herde. Es hat dich unglücklich gemacht, dieses Leben, traurig und verzweifelt vielleicht auch. Nun beginnst du ein neues Leben!

Du lebst von jetzt an meditativ – der Mitte zugewandt! Du hast deine Seele entdeckt. Du hast das Göttliche in dir entdeckt. Und nun sieh zu, daß du die Verbindung mit dem Göttlichen, mit dieser Quelle deiner Kraft und Freude, nicht mehr verlierst. Öffne dem Göttlichen deine Seele, laß es in dich hineinströmen, werde eins mit dem Strom deines Lebens, dann lebst du in Harmonie.

Die Meditation zeigt dir den Weg zur Harmonie. *Meditativ leben bedeutet: Du nimmst alles so hin, wie es gerade ist. Du akzeptierst alles so, wie es kommt.* Stimme dich jeden Morgen auf deinen neuen Tag ein, so, wie er dir geschickt wird. Laß dir Zeit für deine Morgenmeditation. Mach diese Stunde am frühen Morgen zur schönsten Stunde deines Tages. Beschäftige dich in dieser Stunde mit *Psycho-Training.* Sprich mit dem Göttlichen – spüre, daß du ein Teil dieses Göttlichen bist.

Meditativ leben bedeutet nicht, daß du ständig mit gefalteten Händen durch den Alltag läufst. Meditativ leben bedeutet aber, daß du die Stille des Geistes in dir herstellst. Denn nur in dieser Stille kannst du aufwachen und erkennen, daß diese Welt ein unfaßbares Wunder ist. Daß dein Leben ein Wunder ist. Daß du ein Teil des Göttlichen bist.

Wenn du ruhiger und ruhiger wirst, spürst du, wie du dem göttlichen Strom angeschlossen bist, wie du ihm immer mehr angeschlossen bist. Irgend etwas in deinem Körper beginnt zu fließen. Nenn es den Urstrom oder *Agni* oder *Chi.* Oder nenn es die Wärme im Sonnengeflecht, wie es beim Autogenen Training nach Professor J. H. Schultz heißt.

Wenn du meditativ geworden bist, dann spürst du diese Veränderung in deinem Körper. Irgend etwas hebt dich empor, du bist plötzlich *eingestimmt*, fühlst dich besser, bist einfach besser gestimmt. Mit diesem Eingestimmtsein gibst du zugleich dein Einverständnis: Ich bin einverstanden mit meinem Leben, wie es gerade *ist. Ja, mehr noch: Ich will alles, alles lieben, was das Leben, mein göttlicher Schöpfer, mir zugedacht hat.* Ich bin in Harmonie mit dem Göttlichen, der Welt, den Umständen, den Menschen, mit mir selbst. Fühlst du nun, wie ein neues, seliges Bewußtsein dich erfüllt? Wie du dich an deinem einmaligen, kostbaren Leben freust? Wie du auf einmal glücklich bist – trotz so mancher Schwierigkeiten in deinem Leben?

Nimm diese Harmonie mit in deinen Tag hinein! Erinnere dich immer wieder daran, daß der Weg von innen nach außen geht. Bist du harmonisch gestimmt, dann gelingt dir alles spielend. Alles gelingt dir so, wie es dir gelingen soll. Du willst alles so, wie es *ist*, wie es *kommt*. Du vertraust dich dem Göttlichen, gibst dich ihm total hin. Du sagst: *Herr, dein Wille geschehe* – und ein neues, wunderbares Leben beginnt für dich. Nichts blockiert nun mehr den Strom deiner Lebenskraft, und es gelingen dir plötzlich Dinge, die du niemals für möglich gehalten hättest – Wunder eben.

»Ohne einen Gott gibt es für den Menschen
weder Zweck noch Ziel, noch Hoffnung;
nur eine zitternde Zukunft, ein ewiges Bangen
vor jeder Dunkelheit.«

(Jean Paul)

Von Alltags- und Sonntagsmenschen

Alltagsmenschen gibt es wie Sand am Meer. Sie begegnen uns überall: im Geschäft, auf der Straße, in der Bahn, im Urlaub. Alltagsmenschen leben in einem Käfig, in den sie sich selbst gesperrt haben. Ihre Gedanken drehen sich mit Vorliebe um das eigene *Ich*. Immer wollen sie etwas ›haben‹, etwas besitzen, etwas genießen. Und klappt es dann nicht mit dem ›Haben‹, dem Besitzen, dem Genießen, dann stürzt für die Alltagsmenschen immer wieder die Welt ein. Und während sie dann verbissen damit beschäftigt sind, sich aus den Trümmern ihrer zusammengestürzten Welt eine neue Welt – eine weitere Illusion – zu bauen, während sie jammern und klagen über ihr ungerechtes Schicksal, geht das Leben an ihnen vorbei.

Wie anders ist da doch der Sonntagsmensch! Sonntagsmenschen sind Lebenskünstler. Sie akzeptieren die Umstände, die auf sie zukommen. Sie lassen sich durch die kleineren und größeren Unbilden des Alltags nicht ihre gute Laune nehmen. Sie akzeptieren den Regentag genauso wie den Sonnentag. Sie nehmen das Leben von der heiteren, beschwingten Seite.

Alltagsmenschen werden leicht mürrisch und unzufrieden, wenn die Dinge nicht so sind, wie sie diese gerne hätten. Nehmen wir einmal an, es ist Sonntag, und draußen gießt es wieder einmal in Strömen. Graue, schwere Wolken hängen am Himmel. Der Alltagsmensch hatte sich vorgenommen, an diesem Sonntag einen Ausflug zu machen, die Sonne und die Natur zu genießen. Und nun dieses scheußliche, widerwärtige Wetter! Da soll man sich nicht ärgern? Und wie er sich ärgert, der Alltagsmensch! Leider ärgert er meist nicht nur sich selbst, sondern geht auch seiner Umgebung mit seiner schlechten Laune auf die Nerven. Und so verabschiedet sich wieder einmal ein Tag aus dem Leben des Alltagsmenschen. Ein ungenützter Tag. Ja, mehr noch: ein Tag voll Ärger, Unlustgefühlen und Unzufriedenheit.

Wie anders ist da der Sonntagsmensch! Auch er würde natürlich gerne einen Ausflug ins Grüne machen, die Sonne und die Natur genießen. Aber was kann er denn schon ändern am Wetter? Nichts, rein gar nichts. Der Sonntagsmensch, unser Lebenskünstler, weiß das und macht daher auch aus dem Regentag das Beste. Vielleicht zieht er sich mit einem Buch in eine gemütliche Ecke zurück und genießt es, endlich einmal in Muße schmökern zu können. Vielleicht erledigt er aber auch eine schon lange fällige Arbeit und freut sich dann am Abend über das getane Werk. Vielleicht geht er gar im Regen spazieren, läßt sich den Wind um die Nase pfeifen und ist ganz einfach glücklich, daß er am Leben ist.

Siehst du, das ist die Einstellung des Sonntagsmenschen. Er weiß, aus den Gegebenheiten das Beste zu machen. Er akzeptiert die Widrigkeiten genauso als Teil seines Daseins wie die Freuden, die Annehmlichkeiten. Was ihm auch geschieht, ihm ist es recht. Er weiß, daß nichts im Leben Bestand hat. Daß unser Dasein ständig im Fluß ist. Daß das Anklammern an das Bestehende, das Festhaltenwollen irgendeines Glücks töricht ist und Leiden verursacht.

Auch der Sonntagsmensch hat selbstverständlich Schwierigkeiten, mit denen er fertig werden muß. Er verzweifelt darüber aber nicht, denn tief drinnen da fühlt er, daß es eine weise Schöpfung gibt, der er sich anvertrauen kann. Und er nimmt das Leben als großes Spiel, als wunderbares Geschenk. Er fühlt sich dazu aufgerufen, diesem Leben die besten Seiten abzugewinnen. Freude zu schenken und Freude zu empfangen, ist sein Lebensmotto.

Und er fährt gut dabei, der Sonntagsmensch. Wir, die wir *Psycho-Training* machen, wissen das. Und wenn wieder einmal Ärger, Unlust oder Unzufriedenheit in uns aufsteigen, wollen wir uns sofort daran erinnern, daß in jedem von uns ein Sonntagsmensch steckt. Ein Mensch, der nur darauf wartet, endlich aus dem Gefängnis des Mißtrauens, dem Kleinmut, der Undankbarkeit, der Ignoranz und Unwissenheit, der vielen egoistischen Wünsche unseres kleinen *Ich* befreit zu werden.

Laß bitte diesen Sonntagsmenschen in dir selbst nicht mehr länger darben! Befrei ihn aus seinem Gefängnis! Er wird es dir danken. Glaube mir.

»Tausend Gründe sich zu grämen,
Tausend Gründe sich zu bangen,
Nehmen Tag für Tag den Toren,
Nicht den weisen Mann gefangen.«

(Hitopadesa v. Narayana)

Die neue Frömmigkeit: Gott ist ganz anders

Vielleich gibst du es nicht zu, daß du auf der Suche nach dem Göttlichen, dem *Tao*, bist. Aber in der Tiefe deiner Seele bist du ein Suchender. Du spürst es, du fühlst es deutlich, daß dir etwas *fehlt*. Du weißt nicht, was das ist?

Die Antwort ist nicht schwer zu finden. Hast du schon einmal beobachtet, daß auf Kastanienbäumen Pfirsiche wachsen? Hast du schon einmal gesehen, daß aus Grashalmen Rosen sprießen? Und warum kehren wohl die Zugvögel im Herbst immer rechtzeitig nach Süden zurück?

Dein Verstand sagt dir, daß hier eine ungeheure Intelligenz am Werk sein muß. Eine Intelligenz, die dir in *allem* überlegen ist. Die Wirklichkeit, mein Freund, ist nicht in Worte zu fassen. So unbegreiflich, so unfaßbar ist das Mysterium der Schöpfung! So unsagbar groß ist das Wunder deines Lebens!

Vielleicht wirst du nun sagen: Ja, ich würde ja gerne an Gott glauben. Aber mit diesem Gott, wie er uns von Kindheit an gepredigt wurde, mit diesem Gott kann ich nichts anfangen. Er soll ein alter Mann mit einem weißen Bart sein, der hinter den Wolken thront und alle unsere Fehler, unsere ›Sünden‹ genau registriert. Und einmal werden wir dann für diese unsere Sünden bestraft. Wir entkommen der Strafe Gottes nicht, so sagt man.

Halt ein, mein Freund, bitte! Dieser Gott, wie du ihn dir vorstellst, der existiert nicht. Wir können heute mit Superteleskopen sehr tief in den Weltraum hineinblicken, aber den lieben Gott, der hinter den Wolken thront und von dort auf uns sündige Menschen schaut, den haben wir noch nicht entdeckt.

Wo also findest du das Göttliche, das *Tao*, dem alles entspringt, dem auch du entspringst? *Suche es und du wirst es nirgendwo finden. Hör auf zu suchen, und es ist da!* Schwer zu verstehen, meinst du?

Aber bedenke doch: Alles, was *ist*, ist das *Tao*, der

Usprung, das Göttliche oder der *Heilige Geist*. Wenn dir das wirklich bewußt wird, wenn du dir klarmachst, *was du bist* und *wer du bist*, dann begegnest du dem größten aller Wunder, das das Göttliche sich ausgedacht hat.

Eine einzige deiner Zellen ist genauso intelligent und wunderbar, wie dieses ganze All, das du bei Nacht mit deinen Augen erblicken kannst. Ja, jede einzelne deiner Zellen ist ein Stück dieser Göttlichkeit, arbeitet sie doch ganz ohne dein Zutun für dich. Du bist nicht in der Lage, dein Leben zu erhalten. Deine Zellen tun es. Und wer läßt wohl die Milliarden von Zellen in deinem Körper arbeiten, so daß du sehen und hören, riechen und fühlen, gehen und laufen kannst? Daß du denken, lesen, tanzen, lachen, weinen, singen, lieben... kannst? Ich meine, es ist das Göttliche, das diese Wunder zuwege bringt.

Und dir bleibt nichts als *zu staunen*. »Zu staunen«, sagt Goethe, »das ist genug.« Ein Mehr gibt es nicht für dich. Ein Mehr soll es für dich nicht geben. Was also bleibt dir zu tun?

Fromm zu werden, wie es dir deine innere Stimme schon lange richtig rät! Der Fromme wird heutzutage belächelt, meinst du? Na und? Was geht dich das an? Laß die Menschen doch lächeln! Wenn du ein bißchen frommer wirst, bist du besser dran als andere.

Es stimmt, die wirkliche Welt ist nicht in Worte zu fassen. Und worüber man sprechen kann, darüber soll man schweigen. Und das soll nun geschehen.

»Auf dem kleinsten Kleeblatt
funkeln Tropfen in des Mondes Licht.
Hoch und niedrig, reich und arm
entbehrt den Glanz des Himmels nicht.«

(Kaiser Mutsuhito)

Die Tür zum Glück öffnet sich nur nach innen

Um unser Leben bestreiten zu können, brauchen wir Geld. Aber: Wieviel Geld benötigen wir tatsächlich, um ruhig und zufrieden leben zu können? Führt uns nicht unser Ehrgeiz, unsere Gier nach immer mehr Geld und Besitz gerade mitten hinein in das Gefühl der Leere, der Sinnlosigkeit, der Ängste und Frustrationen?

Der junge Heilpraktiker Günther B. aus Berlin schreibt uns, wie er dank *Psycho-Training* erkannt hat, daß sich die Tür zum Glück nur nach innen öffnet.

»Seit ich die materielle Seite des Lebens nicht mehr überbewerte, geht es mir in jeder Hinsicht sehr viel besser! Ich war so erzogen worden, das kaufmännische Denken in den Mittelpunkt aller Überlegungen zu stellen. Nach dem Abitur wurde ich auf Wunsch meiner Eltern Bankkaufmann. Von da an drehte sich alles nur noch um Zahlen.

Mein Vater meinte stets: Je mehr Verdienst du herausholst, desto besser bist du als Geschäftsmann! Ich lernte also bald, was es heißt ›ein guter Geschäftsmann‹ zu sein. Gemeinsam mit einem jungen Arzt gründete ich als 26jähriger eine Firma für pharmazeutische Produkte. Wir verdienten beide dabei sehr viel Geld. Aber ich bin deswegen nicht glücklicher geworden. Im Gegenteil: Je mehr ich dem Mammon nachjagte, um so unglücklicher wurde ich. Tief im Inneren spürte ich, daß das wahre Glück ganz woanders zu suchen ist, als im äußeren – materiellen – Bereich.

Durch Zufall, der natürlich keiner war, lernte ich *Psycho-Training* kennen. Nachdem ich mich in die Lektionen vertieft hatte, fiel es mir eines Tages wie Schuppen von den Augen: Alles materielle Denken hindert uns bloß am wahrhaftigen Leben. Die Tür zum Glück geht in der Tat nur nach innen auf!

Diese Erkenntnis hat mich zu einem neuen, sehr viel glücklicheren Menschen gemacht. Ich habe meine Ängste verloren, ob ich wohl stets genügend Umsätze – sprich: Profite – machen würde. Heute interessiert mich das Morgen überhaupt nicht mehr. Ich fühle mich auf unermeßliche Weise geborgen in der Gottheit.

Dieses riesengroße Vertrauen ist an die Stelle meiner Ängste getreten. Ich habe jetzt viel mehr Energien als früher, mehr Freunde, mehr Freizeit. Das Leben ist für mich zu einem wahren Genuß geworden. Und seltsam: Ich bin sehr viel bescheidener geworden. Ich komme jetzt mit sehr viel weniger Geld aus als früher.«

»Das Glück wohnt nicht im Besitz
und nicht im Gold.
Das Glücksgefühl ist in
der Seele zu Hause.«

(Demokrit)

10. Kapitel

Wer erfolgreich ist, hat Freude am Leben

Es ist nicht schwer, Erfolg zu haben – Der Erfolgreiche hat Spaß an seiner Arbeit – Was ist wichtig, was ist unwichtig? – Ein kleines Wort, das Wunder wirkt: *Ja* – Die Macht der positiven Gedanken – Der Lebenskünstler hat keine Erwartungen mehr – So ist positives Denken nicht gemeint! – Erfolg ist, was *er-folgt*

Wer von uns möchte wohl nicht gerne Erfolg haben? Erfolg im Beruf, Erfolg im Leben. Denn ist es nicht so, daß erfolgreiche Menschen meist auch Lebenskünstler sind? Menschen also, die Freude an ihrem Beruf, an ihrem Leben haben. Die Realität sieht aber leider meist anders aus.

Eine Statistik besagt, daß die Hälfte aller Bundesbürger mit ihrer Arbeit nicht zufrieden ist; diese Menschen verbringen die meiste Zeit ihres Lebens damit, etwas zu tun, was ihnen ganz und gar keinen Spaß macht. Wie traurig! Führt doch diese Unzufriedenheit nicht selten auch dazu, daß die privaten Beziehungen leiden. Beinahe täglich liest man in den Zeitungen etwas über Ehetragödien. Und die hohen Scheidungszahlen in unserem Land geben ein beredtes Zeugnis darüber, wie viele Beziehungen kläglich scheitern. Was zurückbleibt, ist dann meist ein Riesenberg an Bitterkeit, verletzten Gefühlen und Verzweiflung. Muß das eigentlich sein?

Ich meine: nein! Denn wer die Gesetze des Erfolges kennt, hat das wertvollste Instrument in der Hand, sein Leben stets zum Positiven zu wenden. Im Beruf, wie auch in seinen privaten Beziehungen. Lieber Freund, in diesem Kapitel beschäftigen wir uns daher mit einigen Gesetzen des Erfolges. Und du wirst nur noch staunen, wenn du erkennst, wie einfach es im Grunde genommen für *jeden* von uns ist, dem Leben seine besten Seiten abzugewinnen – erfolgreich zu sein und zu leben.

»Die Gewohnheit, jedes Geschehnis von seiner besten Seite anzusehen, ist mehr wert als tausend Pfund Sterling im Jahr.‹

(Samuel Johnson)

Es ist nicht schwer, Erfolg zu haben

Eine groß angelegte amerikanische Studie hat es schwarz auf weiß bewiesen: Allen erfolgreichen Menschen, den Männern und Frauen in den Chefetagen, den berühmten Schriftstellern, Schauspielern oder Sportlern, allen jenen Leuten also, die es geschafft haben, auf der Erfolgsleiter ganz nach oben zu klettern, ist eines gemeinsam: *ihr körperlich-seelisches Wohlbefinden.*

Erfolgreiche Menschen haben die Fähigkeit, ihr inneres Gleichgewicht nach Fehlschlägen rasch wiederherzustellen. Und dies wiederum verdanken sie in erster Linie dem Umstand, daß sie sich ohne große Schwierigkeiten den Gegebenheiten des Lebens anpassen können. Solche Menschen vergeuden ihre kostbaren Energien nicht damit, irgendwelchen Fehlschlägen nachzutrauern. Sie wissen, daß man verschüttetes Wasser schwer wieder einsammeln kann, wie eine chinesische Weisheit sagt, und verstehen es daher, den richtigen Umgang mit ihren Problemen zu finden.

Den richtigen Umgang? Ja, den richtigen Umgang. Eines der Gesetze des Erfolges lautet: *Finde ein Ventil für deine Probleme in anderen, intakten Lebensbereichen.* Laß dein Problem vorerst einmal dort stehen, wo es steht. Suche nie krampfhaft nach einer Lösung. Beschäftige dich mit anderen Dingen. Male zum Beispiel, oder besuche einen Tanzkurs. Übe dich in Yoga oder meditiere. Du kannst dich natürlich auch einem anderen, vielleicht ganz ausgefallenen Hobby zuwenden. *Wichtig ist alleine: Behalte deine Lebensfreude!*

Vielleicht wirst du nun einwenden: Wie soll ich denn meine Lebensfreude behalten, wenn ich überall, wohin ich nur schaue, von massiven, ganz realen Problemen bedroht bin? Das ist schwer, ich weiß. Aber überlege einmal: Wenn deine Seele von düsteren Gedanken erdrückt wird, wie soll dir da der rettende Einfall zur Lösung deiner Probleme kommen? Wie willst du wieder Ordnung in dein Leben bringen, wenn du kopflos durch die Gegend irrst?

Siehst du nun ein, daß dir ein solches Verhalten keinen Erfolg bringen wird? Bewahre also gerade in widerwärtigen Zeiten deine Lebensfreude. Sie ist der zuverlässigste Führer, der dich aus dem Dschungel deiner Schwierigkeiten wieder sicher hinausleitet.

»Heiterkeit ist der Himmel, unter dem alles gedeiht«, sagt Jean Paul, der große lyrische Dichter. Sei also heiter und mach es wie die Erfolgsmenschen. Behalte deine gute Laune, auch wenn mal etwas danebengeht. Dein seelisches Stehvermögen hilft dir, Krisen unbeschadet zu überstehen. Unser Dasein bringt nun einmal so manche Rückschläge mit sich. Das weißt du doch schon lange. Wenn du flexibel genug bist, Rückschläge ohne Verzweiflungsausbrüche einzustecken, sie auf schöpferische Weise zu verwandeln, dann hast du es im Leben zweifellos leichter. Und das ist es doch, was du erreichen willst?

Und noch eines. Um keine Mißverständnisse aufkommen zu lassen: Wir wollen Erfolg keinesfalls am Kontostand messen. Erfolg ist vielmehr, Spaß am Leben zu haben, es in der Fülle all seiner Möglichkeiten auszukosten. *Psycho-Training* will dir zeigen, wie auch du dein Leben erfolgreicher leben kannst.

Der Erfolgreiche hat Spaß an seiner Arbeit

Den wirklich Erfolgreichen zeichnet vor allem eines aus: Er empfindet seine Tätigkeit nicht als harte Arbeit, sondern als Spiel. Sie macht ihm Spaß. Auf diese Weise ist er mit der

Quelle seiner Kreativität, seinem Unbewußten verbunden.

Erich Fromm, der große Sozialphilosoph und Psychologe, spricht von einem Zustand des »Bewußt-unbewußt-Seins«. Das heißt: Ich lasse meine Intuition zu, indem ich mein Ich-verhaftet-Sein ausschalte. Und dies wiederum kann man lernen, kann man trainieren.

Handle also von innen heraus, entscheide von innen heraus! Sei nicht verkrampft, wenn es um wichtige Entscheidungen geht. Erfolgsmenschen entscheiden intuitiv. Sie hören auf ihre innere Stimme, wenn es um Entschlüsse von Tragweite geht. Eines der wichtigsten Gesetze des Erfolges lautet also: *Stelle vor jedem Tun die innere Ruhe her!* Die innere Harmonie ermöglicht den Kontakt zum Unbewußten. Diesen erstrebenswerten Zustand bezeichnet der *Zen*-Philosoph Eugen Herrigel als »Geistes-Gegenwart«. Wobei Geist keineswegs mit Verstand, Vernunft, mit logischem Denken gleichzusetzen ist. Ganz im Gegenteil. Doch lassen wir Eugen Herrigel zu Wort kommen. Er sagt:

»Dieser Zustand, in dem nichts Bestimmtes mehr gedacht, geplant, erstrebt, erwünscht, erwartet wird, ist der eigentlich ›geistige‹ Zustand. Er ist in der Tat mit geistiger Wachheit geladen und wird daher auch ›rechte Geistes-Gegenwart‹ genannt. Der Geist ist dann überall gegenwärtig, weil er nirgendwo, an keiner besonderen Stelle haftet. Er kann in seiner unerschöpflichen Kraft wirken, weil er frei und allem sich öffnend, weil er leer ist . . .«

Öffne also deinen Geist und gib dich der göttlichen Gegenwart anheim. Laß innerlich los von deinem kleinen Ich. Du weißt doch, wie oft dich die trotzigen Wünsche deines Ich schon ins Verderben geführt haben. Laß also los und gib dich vertrauensvoll einer größeren Macht anheim. Dann stellt sich das richtige *Tun*, der Erfolg, ganz *von selbst* ein.

»Wirf deine Angst ab, verlaß dich auf deine inneren Hilfsquellen, vertraue dem Leben, und es wird dir's vergelten. Du vermagst mehr, als du denkst.«

(Ralph Waldo Emerson)

Was ist wichtig, was ist unwichtig?

Erfolgreiche Menschen wissen immer zwischen wichtigen und unwichtigen Dingen zu entscheiden. Weißt du das auch? Oder versuchst du vielleicht hundert Dinge zur gleichen Zeit zu erledigen? Das muß ja schiefgehen! Denn man kann sich immer nur auf eine einzige Sache richtig konzentrieren. Man kann die Dinge immer nur nacheinander und *nie* gleichzeitig erledigen. Schon der große Konfuzius wußte zu sagen: »Bewältige eine Schwierigkeit, und du hältst hundert andere von dir fern.«

Erfolgreiche Menschen wissen das. Sie nehmen sich also immer nur so viele Aufgaben vor, wie sie auch wirklich bewältigen können. Denn irgend etwas bleibt doch immer liegen, und das Gefühl des Mißerfolges, des Versagens breitet sich dann aus. Wir machen uns Vorwürfe und haben Gewissensbisse. Unser Selbstbewußtsein beginnt zu leiden, und damit untergraben wir eine der wichtigsten Voraussetzungen für den Erfolg.

Besinne dich endlich, mein Freund! Wie soll dir die Arbeit dieser Stunde gelingen, wenn deine Gedanken unentwegt abschweifen zu den vielen unerledigten Aufgaben, die auf dich warten? Ab sofort läßt du dich vom Pöbel der vielen ›Gemusse‹ dieser Welt nicht mehr quälen. Du gehst erst einmal auf Distanz und stellst die Ruhe in dir her. In dieser Ruhe kommst du zur Einsicht, was jetzt, in diesem Moment, heute, morgen, in einer Woche wirklich getan werden muß und was warten kann.

Siehst du nun, wie der bedrückende Berg deiner vielen Pflichten auf einmal zusammenschrumpft? Und fühlst du dich nun nicht sehr viel leichter, froher und energiegeladener? Aufgeladen mit dieser Energie hast du dir die besten Voraussetzungen geschaffen, das ›Muß‹ dieser einen Stunde erfolgreich zu bewältigen. Das leuchtet dir doch ein, oder?

Laß dir noch einen Rat von mir geben: *Erledige jene Dinge, die wirklich wichtig sind, zu deiner besten Arbeits-*

zeit. Wie jeder andere Mensch hast auch du sicher deine Stunden, wo du am leistungsfähigsten bist. Jene Arbeiten aber, die nicht ganz so wichtig oder auch weniger schwierig sind, mache dann, wenn du nicht mehr ganz taufrisch bist.

Hilfreich ist es auch, wenn du dir täglich einen Plan machst über alle Dinge, die du an diesem Tag erledigen mußt. Nimm dir aber um Himmels willen bloß nicht zuviel vor! Du weißt doch, daß du dann nur von dir selbst enttäuscht bist. Und das ist die schlechteste Voraussetzung für dein Seelenheil, für den Erfolg.

Immer wieder gibt es Situationen, in denen uns alles über den Kopf zu wachsen droht. Gerade dann aber müssen wir den Mut haben, uns von all dem Trubel zurückzuziehen, mit uns allein zu sein, die Stille in uns herzustellen. Denn nur wenn wir innerlich still werden, sind wir offen für die Kräfte des Unbewußten. Wenn wir auf diese Weise unsere ›Batterien‹ wieder aufladen, ziehen wir Kräfte aus dem kosmischen Strom an, die uns ohne Anstrengung zu neuen Taten schreiten lassen.

Erst wenn wir richtig ›eingestimmt‹ sind auf die Wellenlängen der kosnischen Kräfte, tun wir intuitiv das Richtige. Wenn sich diese ›Einstimmung‹ bei dir nicht einstellen will, dann warte, tu vorerst eimal gar nichts, meditiere. Dann wird der ›Ein-fall‹ kommen. *Wei wu wei* sagen die Chinesen. *Tun entsteht aus dem Nichttun. Tu nichts und warte also, bis es von selbst tut.* Das, was von *selbst,* also absichtslos geschieht, ist das Beste, was du je zu tun in der Lage bist.

Ein kleines Wort, das Wunder wirkt: Ja

Es gibt Menschen, die sagen uneingeschränkt *Ja* zu allem, was ihnen das Schicksal schickt. Solche Menschen wissen, es gibt immer einen Ausweg. Und wenn ein Wunder geschehen müßte – es wäre ja nicht das erste Wunder.

Der *Ja*-Mensch weiß auch, daß jedes Leid im Leben seinen Sinn hat. Nur erkennen wir ihn nicht immer sofort. Zumeist dient es unserer persönlichen Weiterentwicklung, unserer Reifung als Mensch. Ganz ohne Leiden kann man sich das Leben schwerlich vorstellen, denn dann lebten wir nicht auf der Erde, sondern im Paradies. Lebenskünstler, erfolgreiche Menschen rechnen daher stets auch mit Niederlagen. Sie wissen, daß das Leben aus Höhen und Tiefen, aus Freude und Leid besteht.

Wenn dir der Chef die Kündigung in die Hand drückt, geht deswegen die Welt auch nicht unter. Denn vielleicht findest du an deinem neuen Arbeitsplatz weit mehr Möglichkeiten der Selbstentfaltung vor. Vielleicht hast du dann auch weniger Ärger, nettere Kollegen und verdienst besser. Siehst du, so kann sich ein Schicksalsschlag in deinem Leben letzten Endes als Glück für dich herausstellen. Schon ein altes Sprichwort sagt: »Selten ein Schaden ohne Nutzen.«

Wenn dein Sohn zum zweiten Mal sitzenbleibt, wird er vielleicht nicht Ingenieur oder Rechtsanwalt werden, sondern einen ganz anderen Beruf ausüben, für den er viel besser geeignet ist. Gärtner, zum Beispiel. Wie schön für deinen Sohn, immer mit und in der Natur zu leben! Das Wachsen und Gedeihen der Pflanzen zu verfolgen. Wahrscheinlich hat er dann nur mehr ein Lächeln übrig für den Ingenieur oder den Rechtsanwalt.

Der positiv eingestellte, der *Ja*-Mensch, ist ein zufriedener Mensch. Er sieht einen Sinn in seinem Leben, und das macht ihn heiter und gelassen.

»Du selbst bist es«, um es mit Marcel Auclair zu sagen, »der für sein Glück – oder für sein Übel verantwortlich ist. Jeder von uns trägt ein gutes Stück Schuld an der allgemeinen Misere.« Wie viele von uns sind, ohne es zu ahnen, ihr *Feind* Nummer eins.

Halt ein, besinne dich, sei doch endlich ein bißchen nett zu dir! Ab sofort solltest du dein *Freund* Nummer eins werden! Denn eine negative Lebenseinstellung schadet dir auf die

Dauer mehr, als deine schlimmsten Widersacher das vermögen. Sie ist wie ein schleichendes Gift, das dich von innen her aushöhlt und alle deine Bemühungen von vornherein zum Scheitern verurteilt.

Denk einmal darüber nach. Wer wird wohl mehr Erfolg im Leben und im Beruf haben? Derjenige, der an sich selbst zweifelnd mit lustloser Miene und hängenden Schultern durch das Leben schleicht? Oder derjenige, der – mit sich und der Welt im reinen – stets mit einem Lächeln auf seine Mitmenschen zugeht? Ich glaube, die Antwort ist klar.

Wende daher ab sofort die Bumerang-Technik an: Sende nur noch gute Gedanken, gute Worte aus. So kehrt dann auch Gutes zu dir zurück. Wir, die wir *Psycho-Training* machen, haben es uns zur Gewohnheit gemacht, nur noch frohe Gedanken, frohe Worte auszusenden. Auch dann, aenn uns gar nicht danach zumute ist. Diese Fähigkeit kann man trainieren. Übe dich darin und mach dir zur Gewohnheit: *Sprich nur, wenn du etwas Gutes zu sagen hast! Werde positiv! Und du wirst schon bald mit Staunen feststellen, wie dich deine frohen, guten Gedanken tatsächlich in eine andere Welt tragen. In eine Welt der Heiterkeit, des Erfolgs, des Glücks.*

Die Macht der positiven Gedanken

Die Macht der Imagination, unserer Vorstellung, die Kraft der Bilder, die wir durch unsere Gedanken in uns entstehen lassen, beginnen wir heute erst zu ahnen. Doch es gibt Wissenschaftler in Ost und West, die sich bereits intensiv mit der Erforschung dieser Kräfte beschäftigen. So beispielsweise Dr. Georgie Losanow. Er erklärt: »Die Wunder, die von den Yogis vollbracht werden, können durch Vorgänge in der Hirnrinde und die Kraft der Gedanken – oder Suggestion – erklärt werden. Yogis können sich durch die Gedanken unempfindlich gegen Schmerzen machen.

Ein Yogi kann auf diese Weise eine Blutung eindämmen, er kann aber auch die Herztätigkeit beeinflussen, den Blutdruck und den Sauerstoffaustausch, um nur einige Beispiele zu nennen.«

Dr. Losanow ist sicher, daß bald jeder Mensch mit Hilfe der Suggestion in der Lage sein wird, sein Leben besser zu gestalten. Der Forscher formuliert es so: »Das Leben könnte zu einem ständigen Glücksstrom werden. Wir beginnen erst allmählich etwas von den ungeheuren Möglichkeiten zu erahnen, die in jedem von uns schlummern.«

Wie gesagt: Wir sind das, was unsere Gedanken sind, was unsere Gedanken aus uns machen. Warum zögerst du also, sie in die richtigen Bahnen zu lenken?

Sicher, geschenkt wird uns nichts im Leben. Eine neue positive Lebenseinstellung wird uns nicht einfach auf einem goldenen Tablett präsentiert. Auch sie muß immer wieder eingeübt werden. Aber deswegen machen wir ja *Psycho-Training*. Du weißt nun, dein Optimismus öffnet dir alle Türen – tritt ein und staune, was das Leben alles für dich bereithält!

> »Wir sollten der Heiterkeit, wann immer sie sich einstellt, Tür und Tor öffnen; sie allein ist gleichsam bare Münze des Glücks.«
>
> (Arthur Schopenhauer)

Der Lebenskünstler hat keine Erwartungen mehr

Der wirklich weise Mensch hat keinerlei Erwartungen an das Leben. Dieser Satz wird dich vielleicht im ersten Moment irritieren, denn bisher war dein Leben eine einzige Kette von Erwartungen, ein unendliches Glied von Hoffnungen. Nur: Deine Erwartungen haben sich selten erfüllt. Und deine Hoffnungen lösten sich auf wie die Morgennebel in der Wärme der Sonne.

Hast du schon darüber nachgedacht, woran das wohl

liegen mag? Hoffst du auf die falschen Dinge? Oder sind deine Erwartungen zu groß? Oder glaubst du, alles müßte immer genau nach deinem Willen geschehen? Vielleicht weißt du auch gar nicht, was wirklich gut für dich ist, und rennst daher immer in die falsche Richtung? Das muß ja zu Enttäuschungen führen.

Halt ein, mein Freund! Laß dein Leben doch endlich fließen! So, wie es dir bestimmt ist. Sei ruhig und gelassen, hab Vertrauen zu deinem Schöpfer. Er hat dir dieses Leben geschenkt, damit du es lebst! Und nicht, damit du deine kostbare Zeit vergeudest, immer neuen trügerischen Hoffnungen zu erliegen.

Erwartungen sind nicht dasselbe wie Gedanken. Wenn wir von positiven Gedanken sprechen, dann können wir sicher sein, daß unsere positiven Gedanken unser Leben zum Guten wenden. Egal, was auch immer geschieht: Wir wissen, es ist uns zugedacht, und nehmen es an. Und auch Schicksalsschläge, Krankheit, ja sogar der Tod, verlieren dann ihre Schrecken.

Wenn wir so denken, sind wir frei von Erwartungen, und gerade das, wonach wir uns ein Leben lang gesehnt haben, stellt sich dann ein: Heiterkeit, Zufriedenheit, Friede, Eins-Sein mit der göttlichen Urkraft.

Wenn wir aber, wie dies in Amerika fast zur ›Religion‹ wurde, erwarten, daß sich zum Beispiel das große Geld von ganz allein einstellt, sofern wir uns das nur oft genug vorstellen, dann geht das schief. Denn positives Denken führt wohl zum Erfolg, aber positives Denken bezieht sich zu allererst auf deine Gedanken, darauf wie deine Gedanken mit dem Leben umgehen. Also auf das Nicht-Materielle.

Wenn du kleinmütig, mißtrauisch und ungläubig bist, wenn Ehrgeiz und Geltungssucht deine Antriebsfedern sind, dann baust du dir selbst dein Gefängnis, in dem du für alle Zeiten sitzenbleiben wirst. Dann nützen dir deine allerschönsten und festesten Vorstellungen von viel Geld, einem Superjob, von Gesundheit, Liebe, Glück ...

überhaupt nichts. Denn so ist positives Denken *nicht* gemeint.

Positives Denken bezieht sich auf die immaterielle Seite des Lebens. Du mußt bei dir selbst anfangen, dich dem Leben aufzuschließen, es zuzulassen, dich dem Göttlichen anzuvertrauen. Du nimmst alles so, wie es *ist*, wie es *kommt*. Erst wenn dir diese geistige Haltung in Fleisch und Blut übergegangen ist, können feste Vorstellungen zur Wirklichkeit werden.

Was ist also zu tun? Nimm dein Schicksal an, und nimn es mit *wahrhaft freudigem Herzen* an. Tust du das nicht, betrügst du dich selbst. Und Enttäuschungen, Leid und Unglück sind praktisch schon vorprogrammiert. Willst du das wirklich? Ich denke doch, daß auch du dich endlich lieber auf die Sonnenseite des Lebens stellen willst. Mach dich also frei von deinen Erwartungen und Hoffnungen, und akzeptiere dein Leben so, wie es gerade *ist*. Mit allem, was dazugehört. Auch mit den Problemen, dem Leid, der Einsamkeit, den Schmerzen.

In diesem Zustand des Einverstandenseins gewinnst du unglaubliche Energien, die dir dann tatsächlich den Weg zu Erfolg und Glück, zu seelischem und materiellem Wohlstand ebnen. So und nicht anders ist positives Denken gemeint.

So ist positives Denken nicht gemeint!

Stell dir einmal vor, du brauchst dringend einen Job und gehst zu einem Vorstellungsgespräch. Wenn du dich innerlich mit Erwartungen vollstopfst, den Job bereits in der Tasche zu haben, wirst du sehr enttäuscht sein, wenn sich deine Erwartungen nicht erfüllen. Dasselbe machst du vielleicht zwei- oder dreimal, vielleicht noch öfter, und immer wieder erhältst du Absagen. Beginnst du dann nicht an der Macht der positiven Gedanken zu zweifeln?

Richtig! Denn so sind positive Gedanken nicht gemeint.

Wenn du aber zu einem Vorstellungsgespräch mit dem Gefühl hingehst, daß du ohnehin nichts zu verlieren hast, weil ja alles so ist, wie es sein soll, dann wirst du dem Personalchef ganz gelassen gegenübersitzen. Du wirst dich nicht vor lauter Erwartungen verkrampfen, sondern ruhig und freundlich sein, weil du ja sicher sein kannst, daß alles so komm, wie es kommen muß. Daß du das erhältst, was das Göttliche dir zugedacht hat.

Ist das nicht eine viel bessere Basis, neue Aufgaben in Angriff zu nehmen? Ist das nicht die beste Basis überhaupt für all dein Tun und Lassen, für dein Leben? Und auf einmal wird dir dann klar, was für ein Wunder dein Leben ist. »Diese unfaßbare Wonne des *es ist*«, rief ein ZEN-Mönch unmittelbar nach seiner Erleuchtung aus. Ist das schwer für dich zu verstehen? Dann laß dir sagen, was der große Religionsphilosoph Sri Aurobindo über das positive Denken sagt:

»Ich werde zu dem, was ich in mir
selber sehe.
Alles, was das Denken mir andeutet,
kann ich tun.
Alles, was das Denken mir offenbart,
kann ich werden.
Das sollte der unerschütterliche Glaube
des Menschen an sich selbst sein,
denn Gott wohnt in ihm.«

Ich glaube, wenn du über diesem kurzen Text von Sri Aurobindo meditierst, wird es dir früher oder später wie Schuppen von den Augen fallen, und dann kann die Macht der positiven Gedanken tatsächlich Wunder in deinem Leben vollbringen.

Erfolg ist, was er-folgt

Wenn du dem göttlichen Kraftstrom angeschlossen bist, brauchst du nicht mehr krampfhaft nach Erfolg zu suchen. Alles *er-folgt* dann so, wie es zu deinem Besten ist. Und immer häufiger wirst du glückhafte Zufälle erleben, die dich auf dem Erfolgsweg weiterbringen.

Dabei solltest du dir aber eines klarmachen: Erfolg ist keineswegs immer gleichbedeutend mit Ansehen, Geld, Karriere, Macht. Denn der materielle Erfolg alleine kann uns niemals befriedigen. Das beweisen doch wohl die oft tragischen Schicksale so mancher reicher Leute.

Ist es denn nicht so, daß Menschen mit viel Geld immer noch mehr Geld haben möchten? Sie leben oft nur noch dafür, immer noch mehr Geld zu verdienen. Statt sich ihres Lebens zu freuen, haben solche Menschen dann ständig Angst, das mühsam erworbene Geld wieder verlieren zu können. Dafür rackern sich diese armen Menschen ab. Werden neurotisch, depressiv, krank. Und letzten Endes geben sie ihr Geld dann für teure Kuren in irgendeinem Privatsanatorium aus.

Alan Watts formulierte es einmal so:

> »So viele wohlhabende Leute verstehen mehr vom Geldmachen und -sparen, als davon, es zu genießen und auszugeben. Sie versäumen zu leben, weil sie sich immer auf das Leben vorbereiten. Anstatt für das Leben zu verdienen, verdienen sie, um zu verdienen. Und dadurch sind sie, wenn einmal die Zeit kommt, sich zur Ruhe zu setzen, unfähig dies zu tun.«

Auch Erfolg im Beruf zu haben, ist nicht unbedingt gleichbedeutend damit, Erfolg im Leben zu haben. Ich kann ein ›erfolgreiches‹ Leben führen, auch wenn mir nur bescheidene Mittel zur Verfügung stehen. Dann nämlich, wenn ich das Leben in seiner bunten Fülle auszukosten verstehe, mit mir und dem zufrieden bin, was sich mir bietet. Über die

Zufriedenheit sagte einst Benjamin Franklin, einer der großen Präsidenten Amerikas: »Zufriedenheit ist der Stein der Weisen: Sie verwandelt in Gold, was immer sie findet.«

Wir, die wir *Psycho-Training* machen, wollen alles, einfach alles, was uns das Leben schickt, in Gold verwandeln. Dann sind wir nie mehr abhängig vom Geld, von einem guten Job, von einem Haus, von Sicherheiten, von anderen Menschen ... Dann sind wir wirklich frei, unser einmaliges, wunderbares, unwiederbringliches Leben wahrhaftig zu leben. Und was ist der tiefste und eigentliche Sinn unseres Lebens? *Es zu leben!*

Willst auch du dein Leben leben? Dann versäume keine Zeit mehr! Denn daraus ist das Leben gemacht.

»Tief im Herzen der Dinge verborgen,
liebst du für Werden und Wachsen zu sorgen:
Der Same wird Sproß, die Knospe zur Blüte,
die reifende Blume zur fruchtenden Güte.
Müde schlief ich auf müßigem Bette –
im Wahn, daß die Arbeit ein Ende hätte.
Am Morgen, da wachte ich auf und fand,
daß mein Garten voll Blumenwundern stand.«

(Rabindranath Tagore)

11. Kapitel

Geld macht nicht glücklich

Das Glück wohnt in dir selbst – sonst nirgendwo – Bescheidenheit ist Balsam für unsere Seele – Zufriedenheit zählt mehr als Geld – Reichtum blockiert unser wahres Leben – Entscheide dich für oder gegen das Leben – Der vollkommene Mensch läßt die Perlen im Meer... – Es gibt keine Sicherheiten im Leben

All die großen Lehrmeister der Menschheit haben es gewußt: Die Gier, das Streben nach Äußerlichkeiten wie Reichtum, Macht, Ruhm und Geld – dieses verbissene ›Haben-Wollen‹ ist die eigentliche Ursache unserer Leiden.

»Was nützt es dem Menschen, wenn er die ganze Welt gewinnt und doch Schaden an seiner Seele nimmt«, heißt es in der Bibel. Ist es nicht so, daß die meisten von uns die materielle Seite überbewerten? Sie wollen immer haben, immer noch mehr haben und vergessen darüber ganz, ihr Leben zu genießen. Der Lebenskünstler dagegen will *sein*.

Erich Fromm, einer der großen Humanisten unseres Jahrhunderts, sagt dazu: »Mit *Sein* meine ich eine Existenzweise, in der man nichts *hat* und nichts zu *haben* begehrt, sondern voller Freude ist, seine Fähigkeiten produktiv nutzt und *eins* mit der Welt ist.«

Das wahre Glück hängt niemals von Geld und Besitz ab. Und auch nicht von Ruhm und Ehre. Die Tür zum wahren Glück öffnet sich immer nur nach innen!

Lernen wir also, einfacher zu werden, bescheidener, natürlicher und demütiger. Lernen wir, das Glück in den kleinen Dingen des Lebens zu entdecken. Hören wir auf, immerzu zu wünschen. Denn: Wirklich glücklich können wir nur sein, wenn wir zu wünschen aufgehört haben.

Auch wenn du es zunächst nicht glaubst – mache wenigstens einmal den Versuch. Er lohnt sich, du wirst es mit Staunen feststellen.

»Genug zu haben, ist Glück. Mehr als genug zu haben, ist unheilvoll. Das gilt von allen Dingen, aber besonders vom Geld.«

(Lao-Tse)

Das Glück wohnt in dir selbst – sonst nirgendwo

Wofür rackern wir uns eigentlich so schrecklich ab? Wozu all diese Hektik, die zum Herzinfarkt führt, zu Kreislaufschäden, Magengeschwüren, Gallensteinen und anderen unliebsamen Beschwerden?

Wozu dieses ewige Streben nach Besitz und Geld, nach Erfolg, Ansehen und Ehre? Es ist uns von frühester Jugend an eingeimpft worden: Hast du was, dann bist du was! Welch ein verhängnisvoller Irrtum! Wir bezahlen für diesen Irrtum mit Leid und Krankheit, mit dem Gefühl der Sinnlosigkeit, und die Spuren unserer zerbrochenen zwischenmenschlichen Beziehungen graben tiefe Furchen in unsere erstarrten Seelen.

Macht dir so ein Leben eigentlich wirklich noch Spaß? Immer auf der Jagd nach den sogenannten ›Werten‹ des Lebens? *Halt doch endlich ein, mein Freund!* Befreie dich von den Ketten, die dich so lange gefesselt, versklavt haben. Gewinne deine Seele zurück. Befreie sie von den unsinnigen Wünschen deines kleinen *Ich*. Laß sie nicht länger leiden unter deiner Gier, deinem Streben nach Macht, Besitz und Geld. Deine Seele wird es dir danken. Weiß sie doch, was wirklich gut und wichtig für dich ist.

Bei den meisten Menschen aber sind diese Gefühle so blockiert, daß sie die wahren Bedürfnisse ihrer Seele, ihres Körpers gar nicht mehr wahrnehmen. Schon Buddha, der Erleuchtete, wußte dazu zu sagen: »Ihr sollt wissen, daß viel

Leid entsteht, weil der Mensch immerzu nach Ruhm und Gewinn strebt. Jener Mensch mit weniger Wünschen nach Ruhm und Gewinn kennt keine Sorgen. Auf was immer er trifft, er empfindet es als genügend. Und es fehlt ihm an nichts. Wer bescheiden ist und wenig Wünsche hat, der weilt im Nirwana.«

Wenn wir über diese Sätze nachdenken, werden wir begreifen, was für eine Freiheit uns gegeben ist, was für eine grenzenlose Unabhängigkeit! Wir begreifen, daß unsere steten Wünsche wie Fesseln sind. Fesseln, die uns daran hindern, der zu sein, der wir eigentlich im Grunde unseres Herzens sind.

Wirf also endlich das Korsett der ständigen Erwartungen – der eigenen und der fremden – ab! Dann kannst du endlich wieder frei und unbeschwert atmen. Was hast du schon zu verlieren? Was kümmert dich die Meinung der Nachbarn, der Kollegen, der Umwelt? Du selbst setzt dir die Maßstäbe für dein Leben, und du wirst in einer neuen Welt leben.

In einer neuen Welt? Ja! Betrachte sie einmal in Ruhe, diese deine neue Welt. Siehst du, wie Kinder lachen? Ist das nicht eine Freude für dich? Höre, was das Rauschen der Bäume, der Gesang der Vögel dir sagen will. Ist die Sprache der Natur nicht unvergleichlich schöner, beglückender als das hektische Getöse der Menschen? Fühlst du, wie die Sonnenstrahlen dich umschmeicheln und wärmen? Tut dir das nicht unendlich gut?

Betrachte die Blüten einer Rose. Welch ein Wunder offenbart sich hier! Das Wunder der Schöpfung. Und du selbst bist auch ein Kind der Schöpfung, bist eingebettet in ihr, ganz geborgen kannst du dich darin fühlen. Dein Leben ist ein Geschenk. Mach das Beste daraus. Und laß deine Seele, deine Gefühle endlich zu ihrem Recht kommen. Dann klopft das Glück nicht mehr vergebens an deine Tür. Dann wirst du mit Seligkeit feststellen, daß es in dir selbst wohnt.

»Wer ist blind?
Der eine andere Welt nicht sehen kann.
Wer ist stumm?
Der zur rechten Zeit nichts Liebes sagen kann.
Wer ist arm?
Der von allzu heftigen Verlangen gequält wird.
Wer ist reich?
Dessen Herz zufrieden ist.«

(Indische Weisheit)

Bescheidenheit ist Balsam für unsere Seele

»Jene, die wissen, sich zu bescheiden, sind glücklich und zufrieden«, sagt Buddha. »Sie sind glücklich und zufrieden, auch wenn sie auf dem Erdboden schlafen.« Und er fährt fort: »Jene, die nicht wissen, sich zu bescheiden, sind selbst dann nicht befriedigt, wenn sie in einem himmlischen Palast wohnen würden. O Mönche, befreit euch von euren Leiden und Sorgen und wißt euch zu bescheiden . . .«

Werde also bescheiden! Gestatte es deinem Ego nicht, immer wieder neue Wünsche zu produzieren. Vielleicht kennst du das chinesische Sprichwort, das sagt: »Unsere Wünsche sind wie kleine Kinder. Je mehr man ihnen nachgibt, um so anspruchsvoller werden sie.« Gestatte dieser Horde von ungezogenen Bengeln nicht länger, dich mit immer neuen Wünschen zu quälen. Sei bescheiden, begnüge dich mit dem, was du hast. Sei zufrieden mit den Umständen, wie sie sich dir gerade bieten, und in deine Seele werden Heiterkeit, Friede und Glück einziehen.

Der berühmte amerikanische Philosoph und Schriftsteller Henry D. Thoreau schrieb schon vor 125 Jahren folgende weisen Sätze nieder: »Die meisten der sogenannten Annehmlichkeiten des Daseins sind nicht nur entbehrlich, sie sind geradezu ein Hemmnis für die Höherentwicklung der Menschheit.«

Henry D. Thoreau lebte auch nach dieser Erkenntnis. Er

baute sich mitten im Wald eine einfache Blockhütte und verbrachte darin die schönsten Tage seines Lebens. »Ein paar Wochen im Jahr möchte ich für meinen Broterwerb arbeiten«, schrieb er damals einer Freundin, »die übrige Zeit möchte ich für wesentlichere Dinge verwenden. Die Natur und mich selbst beobachten. Und übers Leben und über den lieben Gott nachdenken. Ich möchte, mit einem Wort, *leben*. Nicht vorbeihasten an den gezählten Tagen, die mir geschenkt sind.«

»Die Tür zum wahren Glück öffnet sich nur nach innen«, lautet die dir jetzt schon bekannte alte *Zen*-Weisheit. Was soviel heißt wie: Du kannst nur soviel Glück empfinden, wie du in deiner Seele aufzunehmen vermagst.

Aber wie soll denn deine Seele das Glück aufnehmen, wenn du den Zugang zu ihr blockierst? Wenn ihre Bedürfnisse von deinem Ehrgeiz, von deiner Unzufriedenheit, von deinem Streben nach Sicherheit, Geld und Besitz verschüttet sind?

Du mußt deine Seele von diesen Lasten befreien, dann wirst du auch ihre Bedürfnisse entdecken. Dann wirst du empfindsam sein für die Signale deines innersten Wesens, und plötzlich tun sich ganz neue Quellen der Freude für dich auf. Es wird dann so sein, als stündest du nach langem Kerkerdasein plötzlich im strahlenden Sonnenlicht. Und dir wird klar: *Weniger Haben-Wollen heißt mehr sein.*

»Ich lebte auf der Schattenseite der Straße
und sah hinüber zu den Gärten meiner Nachbarn,
die im Sonnenlicht prunkten.
Ich fühlte, ich war arm, und hungrig ging ich von Tür zu Tür.
Je mehr sie mir von ihrem sorgenlosen Überfluß gaben,
um so bedrückender ward mir die Bettlerschale.
Bis eines Morgens ich aus meinem Schlaf erwachte,
weil plötzlich meine Türe sich öffnete:
Du kamst und batest um Almosen!
Verzweifelt brach ich meiner Truhe Deckel auf,
und überrascht fand ich, wie reich ich selber war.«

(Rabindranath Tagore)

Zufriedenheit zählt mehr als Geld

Ein heiteres, zufriedenes Gemüt ist das beste Marschgepäck für unsere Reise durch das Leben. Herr Erwin S., ehemaliger Steuerberater in Berlin, schreibt uns, wie er dank *Psycho-Training* den Mut fand, alten Ballast abzuwerfen und ein ganz neues Leben zu beginnen.

»Mit 26 Jahren eröffnete ich in Berlin-Wilmersdorf meine eigene Praxis. Ich verdiente gut mit meiner Arbeit, hatte ein hübsches Haus mit Garten, und als ich dann meine jetzige Frau kennenlernte, schien mein Glück perfekt. Doch irgend etwas Entscheidendes fehlte uns. Wir waren nicht richtig zufrieden. Warum bloß?

Eines Tages kam meine Frau mit einer Hiobsbotschaft nach Hause. Sie hatte Brustkrebs und sollte operiert werden. Dies war ein ernstes Alarmzeichen für uns. Irgend etwas mußten wir falsch machen! Was? Ich glaube, wir hatten beide denselben Gedanken: Schluß mit allem hier! Schluß mit dem reinen Geschäftsdenken, der Karriere und dem Geldverdienen!

Wir entschlossen uns, nach Oberbayern zu gehen. Dort arbeitete ich für eine Fachzeitschrift, und meine Frau begann zu fotografieren. Sie machte wunderbare Bilder, und eine Kunstzeitschrift druckte ihre Fotos. Wir waren sehr glücklich. Besonders auch darüber, weil wir feststellten, daß wir zu unserem ›neuen‹ Leben sehr wenig Geld brauchten.

Ein Jahr später zog es uns nach Mallorca. Zuerst wohnten wir in einem Apartmenthaus in Paguera, dann mieteten wir uns ein kleines Häuschen in Adaix. Es war herrlich! Und das Wunder geschah: Meiner Frau ging es immer besser. Die Knoten hatten sich zurückgebildet, kein Wort mehr von Brustamputation, kein Wort mehr von Krebs. Die Müdigkeit, unter der sie früher so litt, war verschwunden, und sie hatte auch zugenommen. Nun ist sie mein kleines Mollchen!

Ich muß ehrlich sagen, ohne *Psycho-Training* wäre ich

heute noch in Wilmersdorf, und meine Frau todunglücklich. Ich will damit sagen: Es geht eben auch anders im Leben. Aber dazu benötigt man ein bißchen Mut. Ein Spießbürger kann so etwas natürlich nicht nachvollziehen. Aber ein Spießbürger würde wahrscheinlich auch nicht *Psycho-Training* machen.«

Reichtum blockiert unser wahres Leben

Ein armer Mann kann häufig froher und zufriedener sein als ein Mensch mit einem Millionenvermögen. Reichtum blokkiert unser ganzes Leben und Erleben. Ja, Reichtum kann gierig und mißtrauisch machen. Und Reichtum verleitet dazu, immer noch reicher werden zu wollen.

Bitte, versteh mich jetzt nicht falsch! Ich habe nicht das allergeringste gegen den Reichtum. Nur ich meine: Laßt ihn uns um Himmels willen nicht überbewerten. Und laßt das Geld bloß nicht zu unserem einzigen Lebensinhalt, zu unserem einzigen Streben werden!

Die Arbeit, die Pflichten, das Geldverdienen betäuben uns, betäuben unsere wahren Bedürfnisse. Und eines Tages dann wirft uns irgendeine Krankheit zu Boden – als Resultat unserer falschen Lebensweise. Je schlimmer die Krankheit, desto stärker die Medikamente, desto härter die Therapie.

Halt ein, mein Freund! Hör endlich auf die leisen Signale deiner Seele, und du findest zum wahren, zum wirklichen Leben zurück. Zur Freiheit, zum Spaß am Leben! Zur Besinnung, zur Schönheit der Natur, zum Lachen und Spielen. Ja, werde wieder wie ein unschuldiges, gläubiges Kind. Der chinesische Weise Mencius sagt: »Ein großer Mensch ist, der sein Kinderherz nicht verliert.« Werde also wieder Kind. Lache, wenn dir nach Lachen zumute ist; weine, wenn du traurig bist. Sei ein bißchen demütiger in Anbetracht all der Herrlichkeiten, die die Schöpfung auch für dich bereithält. Du mußt sie nur endlich sehen!

Ich kenne Rentner, aus deren Gesichtern Zufriedenheit strahlt. Menschen, die wirklich von einem Minimum leben müssen. Die aber ihre kleine Freiheit bewußt genießen. Die sich in die Sonne setzen, wenn sie scheint, und die früh in ihr Bett steigen, wenn es draußen regnet und wenn ihnen danach zumute ist. Die spazierengehen, wenn sie Lust dazu haben, und die Zeit finden, lange Briefe an jene Menschen zu schreiben, mit denen sie sich verbunden fühlen. Die zum Frühstücken eine ganze Stunde oder länger brauchen. Die alles mit Ruhe, mit einer gewissen Bedächtigkeit tun und die an ihren Schöpfer glauben, dem sie sich voller Zuversicht anvertrauen.

Und dann sind da die anderen. Der Geschäftsmann beispielsweise, mit dem Jagdfieber im Blick. Mit dem viel zu hohen Blutdruck, dem gefährlichen Zigarettenkonsum, dem abends nur noch der Alkohol hilft zum Abschalten. Der auch dann noch ans Verdienen denkt, wenn er am Wochenende mit Freunden zusammensitzt. Der trotz aller Erfolge immer unzufrieden ist mit dem, was er bereits besitzt.

Ich meine: *Wer reich ist, sollte sich nicht zum Sklaven seines Reichtums machen. Und wer arm ist, nicht zum Sklaven seiner Armut.* Dieser Satz wird dich vielleicht etwas verwirren. Aber, bedenke doch, mein Freund! Es gibt nichts, das du besitzt, nichts, das du je besitzen könntest. Du weißt es doch schon lange: Du bist nur Gast hier auf Erden. Eingeladen von der Schöpfung für eine winzige Zeitspanne.

Was du hast, und was dich ausmacht, gehört dir nicht wirklich. Mit leeren Händen bist du gekommen aus dem Nichts – und mit leeren Händen gehst du zurück ins Nichts. Du lebst nicht, um Besitz anzusammeln. *Du lebst, um zu reifen, dich am wirklichen Leben zu freuen.* Dein wirkliches Lebensglück findest du nur in dem Bestreben, dein wahres Wesen zu entdecken. Mach deshalb Schluß mit dem Besitz-Denken. Es hat dir nicht weitergeholfen, es wird dir nicht weiterhelfen.

Entscheide dich für oder gegen das Leben

Mach von deiner Freiheit Gebrauch, die dir die Schöpfung einräumt. Du hast die Wahl, ob du weiter nach Besitz und Geld jagen willst und dadurch am Leben vorbeilebst – unglücklich, traurig, resigniert, krank. Du kannst dich aber auch für das Leben entscheiden. Bescheide dich, akezptiere alles, was das Leben dir bringt. Und alle Angst wird von dir weichen. Und auf einmal ist das Leben ein Spiel für dich. Ein herrliches, aufregendes, beglückendes Spiel!

Du magst jetzt vielleicht einwenden: Anderen geht es viel besser, und sie haben mehr als du. Hast du es nötig, dich mit anderen zu vergleichen? Bist du denn sicher, daß die anderen, die mehr haben, glücklicher sind als du? Kannst du hinter die Masken der Menschen sehen, hinter die Kulissen, hinter denen sich gerade bei den Reichen der Welt so viel Unglück verbirgt?

Du irrst dich, wenn du glaubst, nur die anderen hätten das Glück auf ihrer Seite. Irgendwo ist immer ein Ausgleich vorhanden. Irgendwann erfährt der Arme sein Glück auf seine Weise und der Reiche sein Unglück auf seine Weise.

Yin und *Yang*, die beiden polaren Kräfte, auf die sich unsere Welt gründet, sind immer ausgeglichen. In keinem Menschenleben gibt es immerzu nur Talfahrten. Das ist so sicher, wie das Amen in der Kirche.

Nimm an, was dir die Schöpfung zufallen läßt! Verschließ nicht länger deine Augen, dein Herz vor all den Herrlichkeiten dieser Welt. Sie sind da für dich, für mich, für uns alle. *›Best things in life are free‹*, heißt es in einem amerikanischen Schlager. Auf deutsch bedeutet das: Die schönsten Dinge im Leben kosten nichts. Glaubst du nicht auch, daß das stimmt?

Der vollkommene Mensch läßt die Perlen im Meer...

»Der vollkommene Mensch bewegt das Rad des Lebens allein durch seine Gegenwart. Der vollkommene Mensch herrscht durch seine Einfachheit. Da er nichts bekämpft, kann auch ihn nichts bekämpfen.

Er enthält sich aller Wünsche hinsichtlich der Ergebnisse seines Handelns. Solch ein vollkommener Mensch läßt das Gold im Berge – er holt es nicht heraus. Und er läßt die Perlen im Meer, er benötigt keine Schätze.

Er kämpft nicht um Reichtum, noch bemüht er sich um Ruhm. Mißerfolg nimmt er hin als eine Tatsache und macht sich darum keine Sorgen. Nur der Mensch der Einfachheit ist ein zufriedener Mensch. Sein Leben nimmt er als Geschenk. Und seinen Tod als einen natürlichen Vorgang.«

(Taoistische Weisheit)

Es gibt keine Sicherheiten im Leben

Wir Menschen sehnen uns nach Geborgenheit, nach Sicherheit, nach Bestand, nach Dauer. Und alles, was uns hinauswirft aus dieser Sicherheit, aus der Geborgenheit, läßt uns leiden. Dann hadern wir mit Gott und der Welt. Wir suchen nach einem Schuldigen, und oft strafen wir uns mit bitteren Selbstvorwürfen. Wir sind verzweifelt, und das Ende vom Lied ist häufig: Wir werden krank.

Wir müssen ein für allemal begreifen lernen, daß das Leben keine reibungslose Angelegenheit ist. Unser kleines *Ich* macht sich viel zu oft zum Maßstab aller Dinge. Ich, immer nur ich! Ich will, ich muß, ich verlange, ich habe ein Recht darauf. Und wenn unsere Wünsche nicht erfüllt werden, dann beginnen wir zu leiden.

Aus dem Teufelskreis unserer Leiden kommen wir so lange nicht heraus, bis wir begriffen haben, daß wir uns einem höheren Willen zu unterwerfen haben. In der Heiligen Schrift wird auch von ›Hingabe‹ gesprochen. Dieses

Wort finden wir in allen großen Religionen. Wenn wir lernen, ein Leben voller Hingabe zu führen, wenn wir uns dem Schicksal anvertrauen und nicht immer nach tausend Sicherheiten verlangen, werden wir so etwas wie Wunder erleben.

Dann werden wir feststellen, daß der Tisch für uns bereits gedeckt ist. Daß alles Glück dieser Erde auf uns wartet. Warum zermartern wir uns also den Kopf? Die Weichen sind schon längst gestellt. Aber solange wir alles besser wissen wollen als das Schicksal, solange wir uns dem großen Lenker über uns nicht bedingungslos anvertrauen – solange wird der Zug in die falsche Richtung fahren.

Halt ein, mein Freund, besinne dich doch endlich! Jede neue Stunde setzt dich neuen Gefahren und neuen Unsicherheiten aus. Nichts, gar nichts, ist vorhersehbar, voraussagbar. Jede Minute hat somit ihre nie wiederkehrende Einmaligkeit.

Laß alle deine Bedenken, deine Befürchtungen los! Du weißt, es kann dir nichts passieren. Nichts, was dir nicht im Plan der Schöpfung zugedacht ist. Dieses Wissen gibt dir eine wunderbare Ruhe. Je mehr du dich diesem Gedanken öffnest, desto leichter und freier fühlst du dich.

Hab von nun an den Mut, dich leiten zu lassen. Alle weisen Menschen hatten diesen Mut. Sie wußten, daß sie der Allmacht vertrauen konnten. Vertraue nun auch du, und du läßt dein ängstliches, trauriges, kümmerliches Dasein weit hinter dir zurück. Du bist dann auf dem Weg zu deinem wirklichen *sein*, zu deiner Entfaltung, zu deinem wahren Leben.

»Wo der Mensch, was immer ihm zustößt, als ihm zugehörig und zugedacht bejaht, verspürt er im Lassen des eigenwilligen Selbstes bald die ordnende und heilende Kraft eines anderen, größeren Seins, in welchem sein kleineres unlösbar wurzelt und ruht...
So mancher hat sich gewundert, daß ihm genau in der

Stunde das große Aufatmen glückte, in der ein äußeres Schicksal ihm Hab und Gut aus der Hand schlug. Statt daß es ihn niederschlug, wich eine Last von seiner Seele, und er fühlte sich zu neuem Aufbruch und neuer Entfaltung bereit.«

(Karlfried Graf Dürckheim)

12. Kapitel

Alleinsein ist schön und lebenswichtig

Nur im Alleinsein können wir uns selber finden – Alleinsein ist nicht Einsamkeit – Das größte Abenteuer: Die Entdekkung der eigenen Seele – Die ›Tragik‹ der Zweisamkeit – Keine Angst vor dem Alleinsein! – Der Lebenskünstler ›denkt mit dem Bauch‹

Wie ängstlich sind heute viele Menschen bemüht, nur ja nicht allein zu sein, nur ja recht viel Trubel um sich zu entfachen. Aber wieviel geht ihnen dadurch verloren! Sie vertun die Chance, mit sich selber bekannt zu werden.

> »Einsamkeit ist der Weg, auf dem das Schicksal den Menschen zu sich selbst führen will.«
>
> (Hermann Hesse)

Es kommt im Grunde also nur auf die Einstellung an. Denn Alleinsein kann nicht nur schön – sondern sogar lebenswichtig sein! Hört sich das vielleicht sarkastisch an? Alleinsein soll schön, soll lebenswichtig sein?

Es ist aber tatsächlich so! Nicht nur Künstler, die schöpferisch tätigen Menschen, brauchen die Stille, ihren eigenen Lebensraum, ihre ruhige ›Ecke‹, in die sie sich zurückziehen, in der sie zur inneren Mitte, zum seelischen Gleichgewicht finden können.

Wir alle brauchen diese Stille. Und immer mehr Menschen weigern sich, mit der großen Herde mitzulaufen, weil sie erkannt haben, daß es wichtiger ist, ja lebensnotwendig ist, das ureigene Leben, die eigenen Möglichkeiten, die eigenen schöpferischen Kräfte zu entdecken.

Nimm dir also die Freiheit, immer wieder ein paar Stun-

den, ein paar Tage auch, mit dir alleine zu sein! So findest du zur Ruhe, zum inneren Frieden, zu deinem wahren Selbst, zur Freude am Leben, zu Gott.

Nur im Alleinsein können wir uns selber finden

Nur im Alleinsein können wir die Bedürfnisse unseres wahren Selbst entdecken. Nur im Alleinsein kann uns ein ›Licht aufgehen‹, können wir zur Erleuchtung gelangen.

Krishnamurti sagt in diesem Zusammenhang: »Es kommt darauf an, unmittelbar zu erkennen, wie enorm wichtig es ist, nicht durch irgendwelche Umstände oder Personen beeinflußt zu werden. Das allein ist das wirklich Entscheidende.« Und er fährt fort: »Wenn Sie diesen wesentlichen Faktor einmal begriffen haben, dann werden Sie entdecken, daß da ein innerer Bereich ist, der immer auf der Hut und wachsam ist, immer bereit, sich von jedem Einfluß, wie fein er auch sein mag, zu reinigen. Aus diesem Freisein von allen Einflüssen kommt das Alleinsein.«

Der Religionsphilosoph Victor Clobes hat erkannt, daß wir in der Besinnung auf uns selbst, die nur im Alleinsein geschehen kann, sensibel werden für das, was unsere Intuition, unsere innere Stimme uns mitteilen will. Daß wir nur dann dem großen göttlichen Kraftstrom angeschlossen sind, der uns sicher durch alle Fährnisse und Wirrnisse des Alltags leitet.

Victor Clobes wörtlich: »Gott ist der unendliche Ursprung aller Kraft, aller Erkenntnis, aller Weisheit. Auch die Weisheit und damit die Erleuchtung ist ständig um uns und in uns. Sie wartet geradezu darauf, daß sie erschlossen wird. *Die Weisheit ist immer da, nur wir Menschen wissen nicht sie zu gebrauchen.*

Wir halten uns verschlossen. Gehen anderen, vermeintlich wertvolleren oder größeren Wertigkeiten nach und sind nicht offen für die Weisheit und die Erleuchtung. Wir sollten unsere innere Stimme pflegen, auf sie hören. Das heißt in uns hineinhorchen, in die Stille gehen und nichts anderes tun als lauschen.

Gleichzeitig sollten wir den Prozeß des geistigen Öffnens zum Universum hin pflegen, unsere Einheit mit dem Unendlichen begreifen und uns von dieser göttlichen Kraft der Weisheit durchfluten lassen.

Was haben wohl die großen Propheten und Weisen aller Zeiten getan? Sie gingen in die Stille, in sich, und ließen sich von dem göttlichen Gesetz leiten und inspirieren. Nichts anderes haben sie getan, aber nichts so konsequent wie dieses.«

Du magst nun vielleicht einwenden: Ja, das wäre sicherlich schön, dem Trubel der Welt zu entfliehen, in die Stille zu gehen und das göttliche Wirken zu spüren. Aber die vielen Verpflichtungen, der Kampf um die tägliche Existenz, die Termine, der Streß, die vielen ›Gemusse‹ dieser Welt . . . lassen das leider nicht zu.

Halt ein, mein Freund! Glaubst du nicht, daß du dich jetzt selbst belügst? Oder solltest du tatsächlich an keinem Tag die Zeit finden, eine halbe Stunde mit dir alleine zu sein?

Wie wäre es denn, wenn du am Morgen eine Stunde früher als gewohnt aufstehst und diese Zeit für dich nützt? Versuche es doch wenigstens einmal! Diese Stunde des Allein-seins wird dann bald zur schönsten Stunde deines Tages werden. Zu einer ständig sprudelnden Quelle der Kraft und Freude. Die Mühen des Alltags werden zusehends an Bedeutung verlieren. Und plötzlich wirst du eine grenzenlose Erleichterung, eine nie geahnte Freiheit von der Mühsal dieses Erdendaseins spüren. Und deine Seele wird jubilieren.

Willst du dir selbst und deiner Seele diese Chance nicht geben?

»Nur wenn du allein bist, dann bist du völlig dein eigen.«
(Leonardo da Vinci)

Alleinsein ist nicht Einsamkeit

Alleinsein ist etwas ganz anderes als Einsamkeit. Alleinsein ist schön. Nur Menschen, die nicht allein sein können, leiden unter ihr. Und so entsteht das, was wir landläufig als ›Einsamkeit‹ bezeichnen.

Der Mensch kann mit Hunderten zusammenarbeiten, er kann in einer großen Familie leben, er kann den interessantesten Job der Welt haben – und dennoch kann er einsam sein. Krank vor Einsamkeit.

Dagegen: Wer allein ist, muß nicht einsam sein. Er sollte diese Zeit nützen, um zum Kern seines Wesens vorzudringen, um festzustellen, wo er sich eigentlich befindet. *Er sollte das Alleinsein als Chance begreifen, mit sich selbst Freundschaft zu schließen.*

Auch du brauchst dein Alleinsein, um zur inneren Ruhe zurückzufinden. Zum Wissen, daß jeder von uns geborgen ist im großen Weltgetriebe – trotz seines Alleinseins. Mach doch aus deinem Alleinsein nicht immer gleich Einsamkeit. Gewöhne dir ab, im Alleinsein etwas Negatives zu sehen!

Der Mensch war, ist und wird immer ein Geschöpf Gottes sein. Er will es nur oft nicht wahrhaben. Auch die moderne Wissenschaft hat dazu beigetragen, daß viele Menschen heute glauben, sie selbst seien die Herren ihres Schicksals, sie hätten keinen Schöpfer mehr nötig. Doch die Stunden des Alleinseins bringen die Wahrheit ans Tageslicht. Ganz auf sich selbst gestellt, wird auch dem Menschen des zwanzigsten Jahrhunderts bewußt, wie klein er ohne den Halt, die Verankerung im kosmischen Gefüge ist.

Nur wenn wir zurückfinden zu diesem Wissen, nur dann sind wir glücklich, zufrieden und gesund.

Und wenn du zu jenen gehörst, die allein leben und dennoch gerne Kontakt zu anderen haben möchten, dann mach doch hieraus eine Tugend: Besuche elternlose Kinder im Krankenhaus, besuche einen anderen alleinstehenden Menschen. Schreibe Briefe oder schließe dich einer der vielen gemeinnützigen Organisationen an, die sich die Unterstützung hilfsbedürftiger Menschen zum Ziel gesetzt haben. Es gibt eine Menge Menschen, die dringend Hilfe benötigen.

Entdecke die Wunderwelt einer blühenden Wiese. Oder laß dich vom tausendfachen Glitzern der Schneekristalle an einem sonnigen Wintertag faszinieren. Und auf einmal wirst du wissen: Es gibt keine Einsamkeit. Unsere Welt ist voller Leben, voller Schönheit, voller Wunder. Es gilt eben nur, diese Schönheiten, diese Wunder, diese Freuden zu entdekken, sie mit den richtigen Augen zu sehen.

> »Du hast mir deine Liebe geschenkt, indem du die Welt mit deinen Gaben fülltest.
> Sie werden über mich ausgegossen, und ich erkenne sie nicht, denn mein Herz schläft, und die Nacht ist dunkel.
> Doch wenn ich auch in der Höhle meiner Träume gefangen liege, durchzuckt mich oft plötzliche Freude.
> Und ich weiß, daß ich als Dank für all den Reichtum deiner großen Welt dir eine einzige kleine Blume der Liebe bringen darf, am Morgen, wenn mein Herz erwacht.«
>
> (Rabindranath Tagore)

Das größte Abenteuer: Die Entdeckung der eigenen Seele

Astronauten dringen heute in die Tiefen des Weltraums vor. Ein Abenteuer, das Menschen niemals zuvor erleben durften. Mutige bezwingen die höchsten Gipfel der Berge und machen sich daran, die bisher unauslotbaren Tiefen der Ozeane zu erforschen. Doch es gibt ein noch weitaus spannenderes, sehr viel größeres Abenteuer. Eines, das nicht einigen wenigen vorbehalten bleibt, sondern das jeder von uns erleben kann: die Entdeckung der eigenen Seele!

Mach dich also auf den Weg zu deinem Innern, zu deiner Seele. Suche die Stille und sei endlich bei dir selbst zu Hause. In den Stunden deines Alleinseins wirst du das größte Abenteuer deines Lebens erleben. Du wirst erkennen, daß du dich in der Schöpfung geborgen fühlen kannst. In diesem Zustand können deine abgeschnittenen Wurzeln wieder zu treiben beginnen, und immer deutlicher wirst du dann fühlen, daß du mit dem großen Ganzen verbunden bist, daß du *all-eins* mit der göttlichen Urkraft bist.

Der amerikanische Schriftsteller Henry D. Thoreau, ein literarischer Außenseiter, sagte zur selbstgewählten Einsamkeit:

»Ich habe immer bedauert, daß ich nicht so weise bin, wie am Tage meiner Geburt. Ich gedeihe am besten in der Einsamkeit. Habe ich auch nur einen einzigen Tag in der Woche einen Gefährten gehabt, so finde ich, daß der Wert dieser Woche für mich schon beeinträchtigt ist.«

Diese Worte mögen den Menschen der modernen Zeit paradox erscheinen. Thoreau, ein Zeitgenosse Edgar Allan Poes, war ein Liebhaber der Stille. Ein Mystiker des einfachen Lebens. Für ihn gab es nichts Profanes oder Triviales. Ein Spaziergang im Herbst war für ihn etwas Bedeutendes. Den Kampf zweier Ameisenvölker verfolgte er mit allergrößtem Interesse. Er fühlte und wußte sich überall von Wundern umgeben. In nächster Nähe fand er, was andere in fernster Ferne vergeblich suchen.

Man hat Thoreau einmal mit Franz von Assisi verglichen. Auch er verstand die Sprache der Tiere, des Waldes, des Regens und der Jahreszeiten. Und auch er verstand die Sprache der Einsamkeit.

Thoreau macht die Menschen auf die wunderbare Größe und Schönheit des Universums aufmerksam, die die Ärgernisse und das Grau des Alltags trivial erscheinen lassen. Thoreau ruft im Menschen Gefühle wach, die kostbarer sind als alle käuflichen Reichtümer.

Nimm dir diese Reichtümer, mein Freund! Sie sind da für dich. Erkenne doch endlich! Und mach es nicht so wie die meisten Menschen, die keine Zeit für die Zeit haben. Die Zeit, und somit ihr Leben, dieses kostbare, einmalige, unwiederbringliche Leben zerrinnt ihnen zwischen den Fingern. Gib acht, mein Freund, daß es dir nicht auch so ergeht! Gönne dir also Zeit, gönne dir die Stille und gönne dir die Stunden deines Alleinseins. Du weißt doch, du brauchst sie so dringend.

»Wir haben zu wenig Zeit für unsere Arbeit,
geschweige denn für einen Moment der Betrachtung,
der Stille, des Innehaltens.
Schon der Gedanke an Meditation, an ein einfaches
Anschauen der Dinge unseres Lebens, erscheint uns
absurd und undurchführbar.
Dadurch sind wir einsam geworden. Die Zeit gehört
nicht mehr uns – sondern wir gehören der Zeit.
Wenn wir uns aber keine Zeit nehmen zu staunen,
uns zu freuen, verlernen wir zu leben.«

(Maria Stiefl-Cérmak)

Die ›Tragik‹ der Zweisamkeit

In Deutschland wurden noch nie so viele Ehen geschieden wie gerade heute. Woran mag das wohl liegen? Ein Grund dafür ist ganz sicher, daß wir vom Partner zuviel erwarten. Daß wir zu große Illusionen von der Partnerschaft hegen.

Der Partner soll die innere Leere ausfüllen, er soll immer für uns da sein, er ist für unser Lebensglück verantwortlich. Und wenn die Erwartungen nicht erfüllt werden, dann läuft man kurzerhand zum Scheidungsrichter. Denn es lohnt sich ja nicht, noch mehr Zeit und Gefühle an einen Partner zu verschwenden, der unsere Erwartungen nicht erfüllt.

Halt ein, mein Freund! So geht es nicht! Jeder Mensch ist nun einmal ein ganz eigenständiges Individuum. Was dir gefällt, braucht deinem Partner noch lange nicht zu gefallen. Was du erstrebenswert findest, kann bei deinem Partner Ablehnung, ja sogar Unbehagen hervorrufen. Außerdem: Jeder hat doch seine eigenen Stimmungen, seine Launen. Vielleicht bist du ein Morgenmuffel und dein Partner ein

Frühaufsteher, der am liebsten schon im Morgengrauen laut singen würde?

Und was kommt dabei oft heraus? Zank, Mißverständnis, böse Worte. Fatal wird es dann, wenn jeder auf seiner Meinung beharrt. Wenn man verlangt, daß sich der Partner nach den eigenen Vorstellungen und Wünschen zu richten habe. Oft kommt einem gar nicht der Gedanke, daß der andere auf seine Weise auch recht haben könnte. Nur könnte? *Er hat* von seiner Sicht aus *recht.*

Erich Fromm sagt in dazu in seinem berühmten Buch ›Die Kunst des Liebens‹:

»Wenn ich den anderen wirklich liebe, fühle ich mich eins mit ihm, aber so, wie er wirklich ist, und nicht, wie ich ihn als Objekt zu meinem Gebrauch benötige. Es ist klar, daß ich nur Achtung vor einem anderen haben kann, wenn ich selbst zur Unabhängigkeit gelangt bin, wenn ich ohne Krücken stehen und laufen kann und es daher nicht nötig habe, einen anderen auszubeuten.

Achtung gibt es nur auf der Grundlage der Freiheit. Die Liebe ist das Kind der Freiheit, niemals das der Beherrschung.«

Bedenke also stets: Jeder ist in der Tiefe seiner Seele ein Individualist. Du ebenso wie dein Partner, deine Mitmenschen. Und jeder ist letztlich ganz für sich allein verantwortlich. Niemand außer dir ist für dein Glück, deine Gesundheit, dein Wohlergehen verantwortlich!

Solange du diese Verantwortung auf einen anderen abschiebst, solange bist du keine eigenständige Persönlichkeit. An dem Tag, an dem der Mensch sein eigenständiges Leben begreift, sich seiner Individualität als Geschöpf Gottes bewußt wird, in jenem Moment ist er ein wahrhaft freier, ein glücklicher Mensch. Er begreift, welchen ungeheuren Spielraum ihm sein Schöpfer mitgegeben hat, und er wird diese Freiheit – die allerdings auch Alleinsein bedeutet – frohen Herzens akzeptieren. Und damit sind wir wieder bei unserem Ausgangspunkt:

Nur wer allein sein kann, ganz auf sich selbst gestellt, findet die Ruhe, findet den inneren Frieden, die ihn zum wahren Menschen machen. In der täglichen Ablenkung, im Trubel, in lauten, oberflächlichen Vergnügungen wird er sein Menschsein, seinen wahren Kern niemals finden.

Keine Angst vor dem Alleinsein!

Kannst du das Alleinsein schwer ertragen? Dann übe es! Stürze dich in dieses interessante Abenteuer und ziehe dich ab und zu einmal von deiner gewohnten Umgebung zurück. Gönne dir von Zeit zu Zeit einen ›Abschalttag‹. Besser noch: ein Wochenende für dich ganz alleine. Wenn du erst einmal erfahren hast, wieviel innere Kraft dir die Stunden des Alleinseins bescheren, wirst du auf deine freiwillig gewählte Einsamkeit nicht mehr verzichten wollen.

Du meinst, deine Familie, deine Mitmenschen werden nicht damit einverstanden sein, wenn du dich von Zeit zu Zeit ganz einfach von *allem* und *allen* zurückziehst? Laß die Menschen doch erst einmal erleben, wieviel Kraft und innere Ruhe du aus deinen Abschalttagen mitbringst! Wie du heiterer, gelassener, liebevoller bist. Glaubst du nun nicht auch, daß jeder Mensch in deiner Umgebung von deinen Abschalttagen oder -stunden profitieren wird? Wage den Versuch! Du tust nicht nur dir selbst etwas Gutes, sondern auch deinen Mitmenschen.

An deinem Abschalttag tust du einmal nur das, was Du möchtest. Höre Musik, döse, lerne den Müßiggang, das Nichts-Tun. Denk an deinem Abschalttag mit keinem einzigen Gedanken an das, was morgen sein wird, was morgen sein könnte. Lebe ganz hier und jetzt. Genieße dein Dasein!

Vielleicht streifst du durch Wiesen und Wälder, schaust in die Wolken, lauschst dem Gesang der Vögel. Oder du beobachtest, wie die Sonne auf- und untergeht, bestaunst den Sternenhimmel, den Mond. Vielleicht betrachtest du auch in aller Ruhe eine Blume, einen Baum. Und ein Gefühl der Dankbarkeit und Freude wird dich durchströmen, wenn du die Einmaligkeit dieser Schönheit entdeckst.

Plane nichts an deinem Abschalttag, urteile und verurteile nicht. Sprich nur das Nötigste, und sprich vor allem nicht über andere. Weise alle negativen Gedanken zurück und laß kein einziges böses Wort über deine Lippen kommen.

Nach so einem Tag wirst du wieder zu dir selbst gefunden haben. Du wirst die Dinge wieder von einer objektiveren Warte aus sehen und dich wie befreit fühlen. Du wirst dein Leben so, wie es ursprünglich für dich gemeint ist, entdeckt haben.

Der Lebenkünstler ›denkt mit dem Bauch‹

Ja, du hast richtig gelesen: Der Lebenskünstler denkt mit dem Bauch. Denn nicht der Kopf, der Verstand ist das Wichtigste, sondern der Bauch, die Leibmitte.

Daisetz Taitaro Suzuki, der große *Zen*-Meister, erklärt es so: »Wenn die Menschen in China und Japan vor einem schwierigen Problem stehen, dann sagen sie oft: ›Denke mit deinem Bauch‹ oder einfach: ›Frag deinen Bauch.‹ Wenn also irgendeine Frage im Zusammenhang mit unserer Existenz auftaucht, rät man uns, mit dem Bauch – nicht mit irgendeinem abtrennbaren Teil des Körpers – zu ›denken‹. Der Bauch steht für die Gesamtheit des Wesens, während der Kopf, der Körperteil, der sich als letzter entwickelt hat, den Verstand repräsentiert.«

Im Bauchraum empfangen wir die kosmische Energie, hier wird sie transformiert und weitergeleitet. In unserer Leibesmitte befindet sich jedoch nicht allein die Transformationszentrale, die kosmische Energie umformt und uns zugänglich macht: Hier, im *hara*, wie der östliche Mensch sagt, wird zugleich auch Lebensenergie gespeichert.

Viele wissen nichts von dieser wunderbaren Energiezentrale ihres Körpers und schon gar nichts davon, wie man sich dieses latente Kraftpotential nutzbar machen kann. *Wir, die wir Psycho-Training machen, wissen, daß es diesen inneren Strom, dieses innere Feuer, dieses innere Energiezentrum gibt.* Es liegt an uns, es zu entdecken, es immer mehr und mehr zu aktivieren. Ist dieses Feuer – *Agni*, wie es der indische Philosoph Sri Aurobindo nennt – *doch der Funke unseres Lebens überhaupt!*

Du brauchst dich nur einen Moment zu besinnen, einen Augenblick die Augen zu schließen, und dieses Feuer zu rufen – sofort ist es da, wenn du es zu rufen gelernt hast. Sicherlich, *Agni* zu rufen, ist nicht einfach. Es bedarf sehr viel behutsamen Übens. Denn *Agni* ist eine zarte Pflanze, die gehegt und gepflegt werden muß. Sonst kann sie sich nicht entfalten.

Der Weg zu deinem inneren Feuer, zu *Agni*, zu *Hara*, führt über die Meditation, die Stille der Gedanken. *Werde also ganz ruhig, gelassen und entspannt. Laß alles los und vertraue dich den Kräften des Unbewußten, der göttlichen Allmacht an.* Irgendwann einmal, wenn du deine Meditationen konsequent machst, wirst du dieses warme Strömen in dir fühlen können.

Sei aber nicht ungeduldig und verfall nicht in den Fehler, mit Gewalt üben zu wollen. Du weißt doch, daß sich überhaupt nichts erzwingen läßt. Gib dich der göttlichen Urkraft anheim, öffne dich ihr, und sie wird sich bei dir einstellen. *Vertraue, das genügt!* Und werde nie müde, die Verbindung zu deiner Leibmitte, dem *Hara*-Raum, herzustellen.

Der bekannte Autor und Philosoph Satprem, einer der engsten Schüler von Sri Aurobindo, sagt über *Agni*: »Mit diesem kleinen Etwas, das im Inneren mitschwingt, ist man unverletzbar und nie mehr allein. Je mehr die Menschen uns ersticken wollen, desto mehr brennt und wärmt es da innen drin . . .«

Es würde den Rahmen dieses Buches sprengen, *Agni* und *Hara* ausführlich in ihrer ganzen Bedeutung zu erläutern, zu vermitteln. Wichtig ist alleine, daß du weißt, es gibt einen Weg zu deiner Leibesmitte, zu dem wärmenden Strom in dir. Geh diesen Weg, um das Lebensfeuer für dich zu entfachen. Die Bücher ›Hara – die Erdmitte des Menschen‹ von Karlfried Graf Dürckheim oder ›Auf dem Weg zum Übermenschen‹ von Satprem können dir wertvolle Begleiter auf diesem Weg sein.

Wenn du zum Zentrum deines Leibes, zu *Agni*, zu *Hara* gefunden hast, wirst du über ein unerschöpfliches Kraftreservoir verfügen. Strahlende Ruhe, Gelassenheit und Friedfertigkeit werden dich erfüllen. Und du wirst von deiner Kraft abgeben können an die Menschen in deiner Nähe.

Du wirst lächeln, anstatt zu toben. Du wirst lieben, anstatt zu hassen. Du wirst bescheiden und voller Demut sein. Und die äußeren Dinge des Lebens werden dich immer weniger berühren.

»Die Unendlichkeit ist in uns.
Jeder kann ein Genie sein,
wenn er diese Unendlichkeit ausgräbt.«

(M. Taniguchi)

13. Kapitel

Die heilende Kraft der Vergebung

Der Lebenskünstler steht über den Dingen – Der andere ist der andere – Vergebung kann Wunder wirken – Lächle, wenn andere toben – Nichts vermag dich mehr zu kränken – Wir erwarten keine Gegenliebe – Haß errichtet Barrieren – Liebe baut Brücken

Als Lebenskünstler fühlen wir uns von Tag zu Tag heiterer und gelassener, wir freuen uns über unser Dasein, fühlen uns in Harmonie mit uns selbst und der Schöpfung. Wir sind endlich glücklich, frei und froh!

Und dann, urplötzlich, wird unsere Lebensfreude von *außen* bedroht. Andere Menschen beleidigen oder kränken uns, belügen uns, setzen sich über uns hinweg, nützen uns aus. Und unsere mühsam erarbeitete Lebensfreude verkriecht sich wieder einmal in den tiefsten Keller unseres Bewußtseins.

Doch halt! Muß das eigentlich so sein? Als Lebenskünstler wissen wir doch längst, daß alles so *ist*, wie es *ist*. Mit anderen Worten: Auch unser Mitmensch ist so, wie er *ist* und wie er auch im Augenblick nicht anders sein *kann*. Mag er nörgeln, unzufrieden sein, uns mit seinen negativen Gedanken die Laune verderben – er kann im Moment nicht anders handeln.

Das ist schwer zu akzeptieren, ich weiß. Aber auf dem Weg zur Lebenskunst kommen wir nicht darum herum, auch unsere Mitmenschen so zu akzeptieren, wie sie nun einmal sind. Doch mit der richtigen Einstellung meistern wir auch diese Barriere auf dem Weg zur Lebenskunst. *Von nun an wollen wir in unseren unzufriedenen, aggressiven, nörgelnden Mitmenschen das sehen, was sie sind: arme Erden-*

würmlein, die unglücklich und hilflos ihr Dasein fristen und deren tiefe seelische Not sich oft nur in Form von Aggressionen Luft machen kann.

»Auch die, welche dir die Liebsten und Nächsten sind,
erträgst du manchmal schwer.
Sei gewiß, es geht ihnen mit dir ebenso.
Das bedenke gut und oft.
Es gibt kein besseres Vorbeugungsmittel.«

(Feuchtersleben)

Der Lebenskünstler steht über den Dingen

Nimm einmal an, irgend jemand spuckt dir ins Gesicht. So mir nichts, dir nichts, mitten auf der Straße. Wie ist deine Reaktion?

Maßloser Ärger steigt in dir auf, die Zornesröte schießt in dein Gesicht, gleichzeitig schnellt der Blutdruck in bedenkliche Höhe, das Herz beginnt zu rasen, du spürst einen Kloß im Hals. Und am liebsten würdest du jetzt zuschlagen. Stimmt's?

Halt ein, mein Freund, besinne dich! Vergelte nicht Gleiches mit Gleichem, das bringt dir nichts. Du weißt es doch. Es gibt ein einfaches Mittel, auch solch äußerst unangenehme Kränkungen unbeschadet an Seele und Leib zu überstehen. Was immer dir an den Kopf geschleudert wird: Denk dir einfach – *na und?*

Du zweifelst an der Wirksamkeit meines Mittels? Nun, dann laß dir erklären, was es mit den beiden kleinen Wörtern *na und* auf sich hat. Du sagst *na und?* und schaffst dir dadurch erst einmal Zeit zwischen der Kränkung und deiner Erwiderung. In diesen paar Sekunden kannst du einen anderen Standpunkt einnehmen, wenn du nur willst. Begib dich in Beobachterposition, distanziere dich von dem Geschehen, und im selben Moment verletzen dich die Worte, die Taten des anderen nicht mehr.

Auf diese Weise bleibst du der Überlegene. Du schonst

deine Nerven, sparst deine Energien. Du hast es nicht nötig, dich hinreißen zu lassen. Zorn, Wut, häßliche Worte – was bringen dir die ein? Kannst du dir das leisten?

Nein, jetzt, wo du *Psycho-Training* machst, willst du dir das nicht mehr leisten! Jede Art von negativen Gedanken und Gefühlen beeinträchtigen deine Harmonie, stören deine Stimmung, haben sowohl schädliche Auswirkungen auf deinen Seelenzustand wie auch auf dein körperliches Befinden.

Du magst jetzt vielleicht einwenden: Aber sind denn unterdrückte Aggressionen nicht schädlich? Aber du unterdrückst ja deine negativen Gedanken und Gefühle nicht! Du stehst ganz einfach darüber, denn du bist der neutrale Beobachter! Und für den steht fest: *Es lohnt sich nicht, wütend zu sein, sich zu ärgern. Es lohnt sich niemals!*

Wenn du wütend wirst, erreichst du mit dieser Reaktion nämlich genau das Gegenteil von dem, was du erreichen willst: Du schadest nicht deinem Kontrahenten, sondern dir selbst. Willst du das? Oder willst du es vielleicht nicht doch lieber mit dem *Na und?*-Standpunkt versuchen?

Du sagst *na und?* – und im selben Moment wird dir klar, wie unwichtig die Beleidigungen, die Kränkungen sind. Du gestattest ihnen zu sein, du gestattest deinem Widersacher so zu sein, wie er nun mal gerade ist, und im gleichen Augenblick wird alles, was er sagt bedeutungslos für dich.

Ja, mehr noch: Es wird dir klarwerden, daß jeder, der dich angreift, beleidigt oder kränkt, der versucht, dich seelisch oder gar körperlich zu verletzen, ein zutiefst unglücklicher Mensch ist. Ein Mensch, der Probleme hat mit sich selbst und seinem Leben. Ein Mensch, dem es nicht möglich ist, sich ruhig und sachlich mit dir auseinanderzusetzen. Mit einem Wort: ein armer Mensch, der den Sinn seines Lebens noch nicht begriffen hat.

Du aber willst ihn begreifen, deswegen machst du ja *Psycho-Training*. Deswegen also bitte merke dir: Menschen, die uns ärgern wollen, nehmen wir durch unsere neutrale Beobachterposition den Wind aus den Segeln. Wir reagieren von nun an freundlich, höflich, liebenswürdig. Es ist so entsetzlich viel Haß in der Welt! Du gehörst von nun an zu denjenigen, die sich darum bemühen, den Haß abzubauen und ihn durch Verständnis und Liebe zu ersetzen. Und dann kann plötzlich das Wunder geschehen: Dein Gegenüber schaut dich fragend an, der blinde Zorn weicht aus seinem Gesicht, und ihr schüttelt euch beide die Hände.

> »Den dreien mußt du vergeben, wenn sie auch deine Gefühle verwunden: Dem Hauch, der deine Blume entblättert, der Wolke, die den Mond verbirgt, und dem Manne, der mit dir Streit sucht.«
>
> (Inazo Nitobé)

Der andere ist der andere

Der andere kann gar nicht anders sein, als er ist. Diesen Satz sollten wir uns ganz fest einprägen. Und wenn ich mir meine Mitmenschen hundertmal anders wünsche, sie sind, wie sie sind. Es ist sinnlos, unnütze Zeitverschwendung, verursacht Leid und Enttäuschungen, andere Menschen nach meinen Vorstellungen zurechtbiegen zu wollen. An andere meine Maßstäbe anlegen zu wollen.

Du meinst, das sei schwer? Sicher, das ist es. Vor allem am Anfang. Aber mit jedem kleinen Sieg wird es leichter werden für dich. Du wirst dich zusehends wohler fühlen – befreit von der Bürde deiner eigenen Aggressionen. Bedenke immer: Dein Mitmensch, der andere, ist genauso seinen Stimmungen, seinen verschiedenen ›Phasen‹ ausgesetzt, wie du selbst. Doch im selben Moment, in dem du mit dem Tun und Lassen des anderen einverstanden bist, im selben Moment gibt es für dich keine Probleme mit dem anderen mehr.

Von nun ab lassen wir die anderen so, wie sie sind. Wir versuchen nicht mehr, sie so zu manipulieren, wie wir sie gerne hätten. Dazu haben wir auch gar kein Recht. Und im umgekehrten Falle würden wir dies auch energisch zurückweisen. Außerdem: Wir kennen die Beweggründe und die Gedanken des anderen oft gar nicht. Wir wissen nicht, warum er dieses oder jenes tun *muß*.

Niemals werden wir einen anderen Menschen ganz und gar erfassen, erforschen, ihn verstehen – und wenn wir vierzig, fünfzig oder gar sechzig Jahre mit ihm zusammen sind. *Wir sollten uns daher viel öfter klarmachen, daß sich das Leben für jeden von uns ganz anders darstellt. Dann würde es nicht so entsetzlich viele Mißverständnisse, so viel Streit und Leid, so viel Haß und so viele Kriege geben auf unserer Welt.*

Jeder hat seinen ureigensten Geschmack, seine ureigensten Empfindungen und Interessen. Der eine findet ein Bild gräßlich, der andere weiß sich vor Begeisterung über das Gemälde kaum zu halten. Was ist richtig? Was ist falsch? Nichts ist falsch, denn beides ist richtig!

Bedenke doch endlich, daß wir Menschen nun einmal grundverschieden sind! Und ich meine, wenn du das einmal begriffen hast, dann lebst du gleich sehr viel einfacher. Dann siehst du deinen Partner, deine Kinder, deine Nachbarn, deinen Chef, deine Freunde und Kollegen ... so, wie sie wirklich sind und nicht so, wie du sie gerne hättest.

Begreife doch endlich, mein Freund! Du als Lebenskünstler hast es doch nicht mehr nötig, dich in deine Illusionen zu flüchten und dir die Menschen nach deinen Idealen zurechtzubasteln. Das geht schief! Du weißt es doch schon lange.

Wir müssen begreifen, daß jeder von uns von der Natur so angelegt ist, ganz er selbst zu sein, sein ureigenes Seelenleben zu entwickeln. Jeder von uns ist eine kleine Welt inmitten des großen, unbegreiflichen Universums.

Der andere mag ganz anders geartet sein als du – das ist sein gutes Recht. Deshalb ist er nicht schlechter oder besser als du.

»Solange du dem anderen sein Anderssein nicht verzeihen kannst, bist du noch weit ab vom Wege der Weisheit.«

(Chinesische Weisheit)

Vergebung kann Wunder wirken

Du bist gut dran, wenn du es lernst, anderen ihr ›So-Sein‹ zu vergeben. Frau Lucia v. B. aus Mannheim, schreibt uns, wie sie dank *Psycho-Training* aus ihrer seelischen Hölle herausfand und heute ein rundherum glücklicher Mensch ist:

»Ich war in leitender Stellung in Köln tätig und allein meinem Chef unterstellt. Als mein sehr verehrter Chef starb, übernahm dessen Sohn den Betrieb. Und damit begann für mich die Hölle.

An allem, was ich tat, hatte er etwas auszusetzen. Er versuchte mich zu kränken und herabzusetzen, wann immer es nur möglich war. Und dies meist dann noch vor den Augen der anderen Angestellten. Mir war klar, daß er mich auf diese Weise ›gefügig‹ machen wollte, wie es so schön heißt.

So wurde mein Leben immer mehr und mehr zur Hölle. Ich bekam Magengeschwüre, mußte mich an der Galle operieren lassen, hatte ständig Migräne, litt unter erhöhtem Blutdruck und Schlafstörungen. In meiner Verzweiflung ging ich von einem Arzt zum anderen. Schließlich landete ich beim Psychologen.

Dann hörte ich eines Tages von *Psycho-Training* und hatte sofort das Gefühl, daß dieser Heimkurs mir helfen könnte. Ich begann also damit. Und als ich bei jener Lektion angelangt war, die so wunderbare Ratschläge für das zwischenmenschliche Verhältnis gibt, da schloß ich dankbar die Augen und wußte: ›Jetzt ist alles, alles gut. Du hast die Dinge einfach nur ganz falsch gesehen.‹

Von nun an akezptierte ich die Launen des jungen Mannes. Ich machte mir klar, wie sehr er in den ersten Jahren seines Lebens unter der Herrschsucht seiner Mutter gelitten hatte. Der Junge *konnte* ja gar nicht anders sein als aggressiv. Eine Unmenge von Haß war da in ihm, der sich über die Jahre aufgestaut hatte ... und der junge Mann fing an, mir leid zu tun.

Ich gab nach, wo ich nur nachgeben konnte, und hatte plötzlich für alles Verständnis. Es gab einfach keine Reibungsflächen mehr. Dank meiner neuen Einstellung durch *Psycho-Training* konnte ich einfach niemandem mehr böse sein. Ich konnte mich nicht mehr ärgern, denn: *Jeder ist eben so, wie er ist.* Ist das nicht wundervoll?

Heute habe ich keine Magengeschwüre und Gallenbeschwerden mehr. Der Blutdruck ist normal, Migräne und Schlaflosigkeit kenne ich nicht mehr. *Psycho-Training* wirkte wie ein Wunder auf mich. Und meine innere Harmonie brachte mir auch im äußeren Bereich Glück. Ich verliebte mich Hals über Kopf und bin seit ein paar Wochen ungemein glücklich verheiratet.

Jeden Abend danke ich Gott für seine unermeßliche Gnade.«

Lächle, wenn andere toben

Sei ab jetzt freundlich zu deinen Mitmenschen. Der andere hat dich beleidigt – *na und?* Er kann eben im Moment nicht anders. Denn: Wer dich beleidigt, der hat Probleme mit sich selbst, sonst würde er dich nicht beleidigen. Er muß sich auf irgendeine Weise abreagieren. Er quält sich selbst, wenn er dich quält. Keiner, der wie ein Blindwütiger um sich schlägt, lebt mit sich in Harmonie, ist mit sich zufrieden.

Darum: Hab Mitgefühl mit dem anderen. Auch wenn er dich beleidigt, dich kränkt, dir Schmerzen zufügt. Er hat Probleme, vergiß das nicht. Denk dabei an die Christusworte, die uns von Matthäus überliefert sind: »Ihr habt gehört, daß gesagt worden ist: Du sollst deinen Nächsten lieben und deinen Feind hassen. Ich aber sage euch: Liebt eure Feinde und betet für die, die euch verfolgen, damit ihr Söhne eures Vaters im Himmel werdet; denn er läßt seine Sonne aufgehen über Bösen und Guten, und er läßt regnen über Gerechte und Ungerechte.

Wenn ihr nämlich nur die liebt, die euch lieben, welchen Lohn könntet ihr dafür erwarten? Ihr sollt also vollkommen sein, wie es auch euer himmlischer Vater ist.«

Ändere deinen Standpunkt – mehr brauchst du nicht zu tun. Sei freundlich, sei nett zu jedem. Du kannst es, wenn du nur willst. Und deine Freundlichkeit, deine Harmonie wird andere Menschen anstecken. *Freundlichkeit ist nämlich ansteckender als Scharlach.*

Mache dir immer wieder klar: Du stehst im Mittelpunkt. Du bist derjenige, der entscheidet. Der andere spuckt – *na und?* Du entscheidest, wie du darauf reagierst. Zucke lächelnd mit den Schultern, und du hast die Situation auf deine Weise gemeistert, hast dem anderen zu verstehen gegeben: Du armer Tropf, du kannst gar nicht anders handeln. Ich habe Mitgefühl mit dir, weil du viele Probleme haben mußt.

Ja, dies ist *dein* Leben, und du alleine bestimmst *deine* Reaktion. Lächle, wenn andere toben, und spiele *dein* Spiel. Akzeptiere jeden Mensch so, wie er *ist.* Mit allen seinen Fehlern. Akzeptiere ihn als Kind dieser Schöpfung. Nimm ihn ebenso an, wie du dich selbst in all deiner Schwäche und Kleinheit annimmst. Dann wirst du die heilende Kraft der Vergebung fühlen. Sie wird dein Leben auf wunderbare Weise wandeln.

> »Hast du dich selbst lieb, so hast du alle Menschen lieb wie dich selbst. Solange du einen einzigen Menschen weniger lieb hast als dich selbst, so hast du dich selbst nie wahrhaft liebgewonnen.«
>
> (Meister Eckhart)

Nichts vermag dich mehr zu kränken

Ich weiß: Ich bin Stimmungen unterworfen, wie auch der andere seinen Stimmungen unterworfen ist. Deshalb mache ich aus einer momentanen Unstimmigkeit kein Drama. Ich weiß – schon zehn Minuten später kann die Welt wieder ganz anders aussehen.

Liebe und Haß sind die zwei Seiten ein und derselben Münze. Himmelhoch jauchzend – zu Tode betrübt, so ist nun mal unser Leben. Alles ist natürlich, ist ein natürlicher Vorgang im Laufe der Dinge. Ich stelle mich diesem Fluß des Lebens nicht länger entgegen. Ich akzeptiere die Spielregeln dieses unseres Daseins, erlaube den Dingen, den Menschen so zu sein, wie sie nun einmal sind.

Kränkungen, Beleidigungen, Lieblosigkeiten treffen mich daher nicht mehr. Aller Haß und Zorn treffen mich nicht mehr, berühren nicht mehr den Kern meines Wesens. Alles, was geschieht, gehört für mich zum großen So-Sein.

Indem ich dies alles akzeptiere als zum großen Spiel des Daseins gehörig, nehme ich den Handlungen des anderen den Stachel, neutralisiere sie. Ich bin der objektive Beobachter. Der andere ist der andere. Was in ihm vorgeht, weiß ich nicht. Der andere hat seine Probleme, ist Stimmungen unterworfen, ist vielleicht unglücklich, deprimiert. Was es auch ist: Ich verzeihe dem anderen. So schwer mir das am Anfang auch fallen mag. Ich verzeihe, vergebe alles. Ich übe keine Vergeltung.

Ich antworte nicht mit Haß, wenn ich gehaßt werde. Ich übe keine Rache. Ich weiß jetzt: Nur von mir hängt es ab, wie ich reagiere, wenn mich Kränkungen, Haß, Zorn treffen. Ich bin auf dem Weg zum Lebenskünstler. Meine neue Einstellung gegenüber meinen Mitmenschen, meinen ›Brüdern‹, wird mich ein gutes Stück weiterbringen auf meinem Weg.

Mein Mitgefühl für die anderen, auch wenn sie mir

nicht wohlgesonnen sind, wird mir eine ganz neue Freiheit schenken, wird mich sehr viel leichter durchs Leben kommen lassen. Ich bin plötzlich frei von der Bürde, die andere mir aufzuladen versuchen. Ich bin frei von niederziehenden Gedanken, von überflüssigen, zeitraubenden, nerventötenden Auseinandersetzungen.

Meine Ruhe, meine Gelassenheit, meine Objektitivät im Umgang mit anderen setzen Energien in mir frei, die ich für mich, für meine täglichen Aufgaben einsetzen kann.

Das Akzeptieren des So-Seins der anderen bringt mir letzten Endes also nur Vorteile. Es schützt mich wie eine unüberwindliche Mauer vor allen negativen Einflüssen. Alle Angriffe prallen wirkungslos ab. Gleichzeitig hat mein Akzeptieren auch den Effekt, daß sich der andere auf sich selbst zurückgeworfen fühlt und über sich nachzudenken beginnt. Nicht selten mit dem Ergebnis, daß er zur Einsicht kommt.

> »Werde nie zornig! Sonst könntest du an einem einzigen Tag das Holz verbrennen, das du in vielen sauren Wochen gesammelt hast.«
>
> (Meng-Tse)

Wir erwarten keine Gegenliebe

Du bist verliebt? Wie schön für dich! Und nun erwartest du, ebenfalls geliebt, verehrt, bewundert zu werden. Stimmt's? Was aber geschieht, wenn deine Gefühle nicht erwidert werden? Dann bist du enttäuscht, verärgert, vielleicht traurig und unglücklich. Vielleicht bist du auch eifersüchtig und meldest Besitzansprüche an.

Halt ein, mein Freund! Du liebst und glaubst ein Recht auf Gegenliebe zu haben. Wie kommst du eigentlich darauf? Du liebst – das ist deine Angelegenheit: Ob der andere dich liebt oder nicht – das ist seine Angelegenheit. Niemand kann Liebe von einem anderen Menschen fordern. Und mit deinen Forderungen nach Gegenliebe wirst du immer Schiffbruch erleiden!

Nimm dagegen den Lebenskünstler: Wenn er einen anderen Menschen liebt, liebt er ohne jeden Besitzanspruch. Liebe ist für ihn mehr als erotische Anziehung, sexuelle Begierde, Erfüllung seiner Wünsche und Bedürfnisse. Höre, was Erich Fromm in ›Die Kunst des Liebens‹ über die Liebe sagt:

»Wir sind zwar alle *eins*, doch ist jeder von uns zugleich auch ein einzigartiges Wesen, ein Kosmos für sich. ... Die *reife* Liebe ist eine Vereinigung, bei der die eigene Integrität und Individualität bewahrt bleiben. Beherrschung eines anderen Mensche ist – psychologisch ausgedrückt – Sadismus. Der sadistische Mensch möchte seiner Einsamkeit und seinem Gefühl, ein Gefangener zu sein, dadurch entrinnen, daß er einen anderen Menschen zu einem untrennbaren Bestandteil seiner selbst macht. Er bläht sich auf und vergrößert sich, indem er sich eine andere Person, die ihn verehrt, einverleibt. Der andere wird herumkommandiert, er wird ausgenutzt, verletzt und gedemütigt.«

Lebenskünstler stellen keinerlei Besitzansprüche an den anderen, sie erwarten keine Gegenliebe. Sie lieben aus dem einfachen Grund, weil ein Leben ohne Liebe für sie nicht vorstellbar ist. Sie lieben das Leben, sie lieben ihre Mitmenschen. Sie akzeptieren das Leben so, wie das Leben *ist*. Sie akzeptieren ihre Mitmenschen so, wie diese nun mal sind. Sie wollen sie nicht besitzen, und sie erwarten keine Gegenliebe.

Lebenskünstler wissen auch, daß sie einen anderen Menschen nicht ändern können. Sie wissen, sie haben kein Recht dazu. Wir aber meinen oft, der andere sollte so sein, wie wir ihn gerne hätten. Welche Anmaßung! Welche Überheblichkeit!

Ich weiß, für uns westlich erzogene Menschen ist es schwer, solchen Gedanken Einlaß zu gewähren. Aber nur auf diese Weise werden wir frei von Sklaverei und gegenseitiger Bevormundung. Mach auch du dir diese Einstellung zu eigen. Heute schon! Und anstatt vom Leid verfolgt zu werden, wirst du frei und glücklich deinen Lebensweg gehen.

Du hast die Wahl! Du weißt, es liegt allein bei dir.

Haß errichtet Barrieren – Liebe baut Brücken

Haß und Gedanken der Rache sind destruktiv. Sie schaden dir selbst viel mehr als dem, den du damit bestrafen willst. Du kennst die engen Zusammenhänge zwischen Körper und Seele. Du weißt, daß Haßgefühle die Blutgefäße verengen, deinen ganzen Körper verkrampfen, den Energiestrom blockieren. Gedanken der Liebe hingegen harmonisieren alle Vorgänge in deinem Organismus. Sie lassen deine Augen strahlen, machen dich anziehend, ›magnetisch‹ für deine Umgebung. Glaube mir, solche Gedanken der Liebe verleihen dir eine sehr viel größere ›Macht‹, als sie der größte Diktator je haben kann.

Noch niemals ist es einem Menschen gelungen, die Welt, die anderen, durch Haß zu verändern. Christus und Buddha sind der Beweis dafür, was grenzenlose, allumfassende Liebe vermag. Sie bringt ein Licht in unsere Welt, das Tausende von Jahren leuchtet, die Herzen erwärmt.

Ab jetzt gibt es für dich die Worte Haß und Rache nicht mehr. Du willst keine Vergeltung mehr üben. Du willst deine Feinde durch Liebe ›besiegen‹. Es gibt für dich keine Flucht vor der Wirklichkeit mehr. Du kannst nichts ändern, das du nicht annimmst. Allein durch dein Annehmen bewirkst du die Transformation.

Du weißt, daß das Böse in dieser Welt seine Daseinsberechtigung hat – sonst wäre es im Schöpfungsplan gar nicht vorhanden. Mag sein, daß es im Laufe der Evolution ganz verschwindet. Aber jetzt ist es noch da, und du mußt es akzeptieren. Ja, du nimmst ihm den Stachel, indem du es annimmst und ihm anstatt Haß Liebe entgegensetzt.

Du bist ein freier Mensch, und tief in dir spürst du eine Liebe zu allem, was diese Schöpfung Gottes hervorgebracht hat und hervorbringt.

Du bist ein freier Mensch und liebst dich so, wie du bist. Denn nur wenn du mit dir selbst einverstanden bist, kannst du auch die anderen so annehmen, so lieben, wie sie sind. Du liebst dein Leben so, wie es *ist*. Du liebst Gottes Schöpfung so, wie sie *ist*. Der wirkliche Lebenskünstler ist mit allem einverstanden, was ihm widerfährt. Denn er weiß, daß es alleine der Wille der Schöpfung ist, die alles so geschehen läßt.

Wenn du in der Lage bist, mehr und mehr Liebe zu verströmen, dann wird ein Wunder geschehen. Ein wunderbares Gefühl der Geborgenheit stellt sich dann ein. Und du weißt: *Nichts kann mir geschehen, was nicht in Gottes Plan enthalten ist. Dann gibst du dein Widerstreben auf und vertraust dich ganz dieser Macht an, die dein Leben lenkt.*

Hermann Hesse hat dies einmal so schön in seinem Buch ›Siddharta‹ ausgedrückt:

»Darum scheint mir das, was ist, gut, es scheint mir Tod wie Leben, Sünde wie Heiligkeit, Klugheit wie Torheit, alles muß so sein, alles bedarf nur meiner Zustimmung, nur meiner Willigkeit, meines liebenden Einverständnisses, so ist es für mich gut, kann mir nie schaden.

Ich habe an meinem Leib und an meiner Seele erfahren, daß ich der Sünde sehr bedurfte, ich bedurfte der Wollust, des Strebens nach Gütern, der Eitelkeit, und bedurfte der schmählichsten Verzweiflung, um das Widerstreben aufgeben zu lernen, um die Welt lieben zu lernen, um sie nicht mehr mit irgendeiner von mir gewünschten, von mir eingebildeten Welt zu vergleichen, einer von mir ausgedachten Art der Vollkommenheit, sondern sie zu lassen, wie sie ist und sie zu lieben, und ihr gerne anzugehören!«

»Gib der Feindschaft keinen Raum in deinem
Herzen, und du wirst keine Feinde haben,
denn du erntest, was du gesät hast,
und du sammelst, was du streutest.«

(George M. Lamsa)

14. Kapitel

Nur wer zum Sterben bereit ist, lebt wirklich

Lebe jeden Tag so, als ob er dein letzter wäre – Der Tod gehört zum Leben, wie die Nacht zum Tag – Stirb und werde – Gibt es ein Leben nach dem Tod? – Keine Angst vor dem Tod – er ist dein Freund

»Nichts ist schöpferischer als der Tod«, sagte der große amerikanische Philosoph Alan Watts. Da stockt uns zunächst einmal der Atem, wenn wir das lesen. Der Tod, den wir Menschen des Westens am meisten von allem fürchten, der soll auch noch etwas Kreatives, etwas Schöpferisches haben?

Es ist in der Tat so. Nur wer wirklich *begreift*, daß er einmal sterben wird, der kann das Leben, seinen Sinn, begreifen. Die meisten Menschen unseres Kulturkreises haben ihr wahres Leben nicht begriffen und leiden deshalb auch so sehr an seiner scheinbaren Sinnlosigkeit.

Die meisten von uns leben gar nicht wirklich – sie vegetieren nur ihrem Ende entgegen. Kaum jemand macht sich Gedanken über sein Da-Sein, sein Hier-Sein auf dieser Erde. Und der Gedanke an den Tod wird mehr als jeder andere verdrängt. Wird er doch von dem Wissen begleitet, daß jedes Leben einmal zu Ende geht. Und das verursacht den Menschen Angst. Doch was ist daran so schrecklich?

»Nichts ist schöpferischer als der Tod«, sagt Alan Watts und er meint damit: Wenn ich erst einmal wahrhaftig begriffen habe, daß dieses mein Leben auch ein Ende haben wird – ein Ende haben *muß*, dann werden mir plötzlich die Augen geöffnet. Dann wird mir erst bewußt, daß ich *lebe*. Daß mir mein Leben so unendlich viel an Schönem zu bieten hat, an dem ich bisher achtlos vorbeigegangen bin – vertieft in die Kümmernisse und Sorgen meines Alltags.

Wenn ich mich mit meinem Tod anfreunde, dann lebe ich sehr viel besser, leichter, glücklicher. Und ich nütze jede Stunde, die mir geschenkt wird. Wer weiß, ob ich morgen, in einem Monat, in einem Jahr noch leben werde? Niemand weiß das. So vieles wird in Anbetracht des Todes unwichtig. Und ich freue mich dann endlich über mein Leben, über das *Hier* und *Jetzt* – auch wenn mir das Schicksal manchmal Knüppel zwischen die Füße wirft. Das gehört nun mal zum Leben dazu.

»Wer das Leben liebt und den Tod nicht scheut,
geht fröhlich durch die sinkende Zeit.«

(Th. Körner)

Lebe jeden Tag so, als ob er dein letzter wäre

Ich komme aus der Ewigkeit, aus dem Nichts, und eines Tages gehe ich zurück in die Ewigkeit, ins Nichts. Dazwischen liegt das, was ich Leben nenne. Irgendwie beängstigend – aber irgendwie auch ungeheuer tröstlich, findest du nicht auch?

Ich komme aus der Urheimat und kehre wieder in sie zurück – dann, wenn ich sterbe. Wenn wir uns einmal mit dem Gedanken an unseren Tod befassen, wird uns klar, daß wir *hier* und *jetzt* leben müssen, soll alles einen Sinn haben.

Hier und *jetzt* lebe ich. *Hier* und *jetzt* kann ich lachen, lieben, verstehen, glücklich sein. *Hier* und *jetzt* spielt sich mein einmaliges, einzigartiges, unwiederbringliches Leben ab.

Nur *hier* und *jetzt*!

Der Gedanke an den Tod macht uns klar: Leben ist eine begrenzte Angelegenheit. Du weißt nicht, woher du kommst. Du weißt nicht, wohin du gehst. Du weißt nicht, wann du gehen wirst. Aber du *bist*!

Hör auf, dich zu fürchten und fang endlich an, dich zu freuen. *Du bist!* Reicht das denn nicht? Hör endlich auf, ständig neue Fragen zu stellen. Niemand wird sie dir je schlüssig beantworten. *Du bist* – das ist die Antwort auf alle Fragen.

»Tod ist das Unbekannte, in dem wir alle vor der Geburt gelebt haben«, sagt Alan Watts. Und er fügt hinzu: »Tod ist der letzte Schluß der Erkenntnis, daß wir in jedem Augenblick in das Unbekannte gehen.« Wann? Das weiß niemand, und das ist auch gut so.

Ich meine, wir sollten uns täglich bewußt sein, daß unsere Tage hier auf Erden gezählt sind. Dann wären wir ein bißchen dankbarer für das wunderbare Leben, das uns ganz ohne unser Zutun geschenkt wurde. Dann würden wir unser Leben wirklich leben und es nicht mehr vergeuden an so viele unwichtige Sorgen, Pobleme und Kümmernisse.

Halt also inne, mein Freund! Und begreife, daß dein Leben einen unausweichlichen Schlußpunkt hat. Dann wirst du wirklich damit beginnen, das Leben in seiner ganzen Fülle auszukosten.

Der Tod gehört zum Leben, wie die Nacht zum Tag

Warum versuchen wir den Gedanken an den Tod immer wieder zu verdrängen? Wie kann ich mich vor etwas ängstigen, das doch ein Teil von mir ist? Ich fürchte mich doch auch nicht vor dem Ausatmen, denn es gehört ebenso zu meiner Existenz wie das Einatmen.

Asche zu Asche, Staub zu Staub. Und mittendrin das große, das unbegreifliche Wunder unseres Menschseins, unseres Lebens. *Begreife dieses Wunder doch endlich, mein Freund!* Weißt du, warum dein Herz schlägt? Weißt du, warum deine Augen die Natur in all ihrer Herrlichkeit erschauen können? Weißt du, warum deine Ohren hören können? Denk nur einmal an schöne Musik, die mit Hilfe deiner Ohren tief in deine Seele dringt, dich berührt, bewegt, beglückt.

Wir sind Wundermaschinen. Millionen Zellen sorgen dafür, daß unser Körper funktioniert. Wir haben in der Tat herzlich wenig damit zu tun, daß wir sehen, hören, lesen, lachen, tanzen, laufen ... können. Ein anderer, eine größere Macht hat dafür gesorgt. Wenn du das wirklich begriffen hast, wird es dir nicht schwerfallen, dich vertrauensvoll dieser größeren Macht, dem Leben – und auch dem Tod anheimzugeben. Denn du weißt ja: *Es ist für dich gesorgt.*

Alles, was für dich im wahrsten Sinne des Wortes lebenswichtig ist, geschieht ja ohne dein Zutun. Warum also sollst du dir irgendwelche Sorgen machen? Dein Tod ist genauso wie dein Leben seit Urzeit im ›kosmischen Programm‹ festgelegt.

Unserem Schicksal können wir nicht entgehen. Sei also einfach einverstanden mit dem, was *ist*. Hör auf, dauernd irgend etwas zu wünschen, hör auf zu wollen. Fang endlich an zu leben, dich am gegenwärtigen Augenblick zu freuen.

Leb jeden Tag so, als ob er dein letzter wäre. Integrier das Sterben in dein Leben. Ob du willst oder nicht, dein Tod ist ja ohnehin vorprogrammiert. Gott hat die Zügel in der Hand – nicht wir. Er lenkt unser Schicksal. Unterwerfen wir uns seinem Willen: *Werde demütig, sei geduldig, hab Vertrauen.*

Erlaube dem Strom des Lebens, dich zu tragen. Der Weise gleicht dem treibenden Blatt im Fluß. Dazu braucht man Mut. Hab auch du den Mut, dich dem Unbekannten anzuvertrauen. Wenn du *wirklich* leben willst, mußt du innerlich loslassen.

Und du willst dein Leben doch wirklich leben?

»Was ist der Tod? – Nach einem Fieber ein
sanfter Schlaf, der uns erquickt!
Der Tor erschreckt darüber, der Weise
ist entzückt.«

(P. v. Winter)

Stirb und werde

Goethe sagt in seinem ›Westöstlichen Diwan‹: »Und solange du das nicht hast, dieses Stirb und Werde, bist du nur ein trüber Gast auf der dunklen Erde.«

Ein trüber Gast? Ja, aber das muß nicht so bleiben, du weißt es doch. Wenn dir bewußt wird, daß dein Erdendasein ein Ende hat, warum solltest du dann noch eine Minute deines kostbaren, unwiederbringlichen Lebens an unwichtige, unerfreuliche Dinge, Geschehnisse oder auch Menschen vergeuden? Du wirst es nun nicht mehr tun, weil du dich deines Lebens freuen willst, bevor es zu Ende ist. *Nur Mut, mein Freund! Du kennst ja jetzt den Weg zur wahren Lebensfreude, zur Lebenskunst.*

Graf Dürckheim, der große *Zen*-Philosoph, schreibt über den Tod: »Wo es einer vermag, sich dem Unausweichlichen aus Freiheit zu stellen, zu fügen und zu unterwerfen, nimmt er dem Tod den Stachel. Indem er bereit ist, sein altes Ich dranzugeben, öffnet er seinem Wesen das Tor, in ein neues Sein, sein wahres Ich-Selbstsein, zu treten. Und mit einem Schlag kommt aus der Vernichtung das Unvernichtbare hervor; aus dem Dunkel der Verzweiflung am Absurden ein Licht, das jenseits ist von Sinn und Unsinn; und Verlorenheit schlägt inmitten aller Verlassenheit in der Welt um in Geborgenheit im überweltlichen Sinn.«

Warum also Angst, warum Furcht, mein Freund? Auch wenn du nicht an ein Weiterleben in irgendeiner Form nach deinem Tod glaubst, gibt es keinen Grund, ihm mit Bangen entgegenzusehen. Und außerdem: Wer möchte denn schon ewig leben? Welch eine schreckliche Vorstellung! Ein weiser Schöpfer hat dich in diese Welt gestellt, so, wie es ihm gefällt. Und so, wie es ihm gefällt, ruft er dich wieder zu sich. Er allein weiß, wann und wie es geschehen wird. Lege also dein Schicksal vertrauensvoll in seine Hände.

Hast du schon einmal gesehen, wie friedlich das Gesicht eines Verstorbenen sein kann? Wie es von innen her leuchtet? Warum ist das wohl so? Ich meine, deswegen, weil wir spätestens bei unserem Tod die ungeheuerliche Entdeckung machen, daß alles, was uns in unserem Leben widerfahren ist, *so sein sollte*, wie es war.

Weil wir zu der beglückenden Erkenntnis kommen: Mein Leben hat sich wahrhaftig erfüllt. Und selbst wenn es uns erst in der allerletzten Minute wie Schuppen von den Augen fällt, ist es immer noch rechtzeitig genug, um uns mit unserem Schicksal zu versöhnen. Um uns in Frieden in unsere Urheimat, aus der wir einst – ungewollt – gekommen sind, zurückkehren zu lassen.

Du weißt also nun, der Tod ist nicht dein Feind – er ist dein Freund. Wenn dein Leben auf Erden beendet ist, kehrst du in deine Urheimat zurück, aus der du einst kamst. Es kann dir also nichts geschehen, vor dem du dich fürchten müßtest. *Du wirst wieder eins mit dem Ursprung allen Seins. Du wirst wieder eins mit dem großen Tao, dem Heiligen Geist, dem alles Sein entspringt.*

Wir werden das Wunder unseres Lebens nie erfassen. Wir wollen nur dankbar und demütig sein. »Herr, dein Wille geschehe.« Erst jetzt begreifen wir diesen Satz wirklich. Nicht der Mensch, nicht wir sind das Maß aller Dinge: Gott ist der Herr der Welt.

> »Auf der staubigen Landstraße des Lebens verlor ich mein Herz, aber du nahmst es auf und hieltest es in deiner Hand. Ich fand Leid, wo ich Freude suchte, aber das Leid, das du mir sandtest, wandelte sich in meinem Leben zur Freude. Meine Hoffnungen wurden zu Scherben, du aber sammeltest sie und fügtest sie zusammen mit deiner Liebe. Und während ich von Tür zu Tür wanderte, führte mich jeder Schritt deinen Toren näher.«
>
> (Rabindranath Tagore)

Gibt es ein Leben nach dem Tod?

Es gibt viele wissenschaftliche Untersuchungen über Erfahrungen von Menschen, die klinisch tot waren, und wieder ins Leben zurückgeholt wurden. Viele dieser Menschen haben den Tod als nichts Furchtbares empfunden, im Gegenteil!

Sie sprechen davon, daß sie auf einmal von viel Licht umgeben gewesen wären, daß sie sich glücklich, harmonisch und friedlich fühlten. Der Schweizer Architekt Stefan von Jankovich, den man nach einem schweren Autounfall vom ›anderen Ufer‹ wieder zurückgeholt hatte, sagt dazu: »Ich war zuerst erstaunt darüber, daß ich das Sterben gar nicht als unangenehm empfand. Während meines ganzen Lebens hätte ich nie daran gedacht, daß es so schön sein könnte, ins Jenseits zu gehen.

Ich fühlte nur: Endlich bin ich soweit. Und ohne jede Angst dachte ich: Ich bin glücklich, daß ich nun sterbe. Ich fühlte, daß ich schwebte und hörte gleichzeitig wunderschöne Klänge. Dazu nahm ich harmonische Farben, Formen und Bewegungen wahr. Irgendwie hatte ich das Gefühl, daß ich nicht allein war. Doch ich sah niemanden. Ein göttlicher Friede und eine noch nie wahrgenommene Harmonie erfüllten mich. Ich war restlos glücklich.«

Also gar nichts von Angst, von Grauen, von irgendwelchen Todesqualen. Statt dessen Harmonie, Freude und Beglückung. Vergessen wir also getrost die schrecklichen Dinge, die so viele von uns über das Sterben gehört haben. Der Tod ist nicht unser Feind! Wir sollten ihn im Laufe unseres Lebens immer mehr als unseren Freund akzeptieren lernen.

> »Gegen den Tod brauche ich keine Waffen, weil es keinen Tod gibt. Es gibt aber eines: Angst vor dem Tode. Die kann man heilen.«
>
> (Hermann Hesse)

Keine Angst vor dem Tod – er ist dein Freund

Unser unausweichliches Ende mahnt uns zur Freude am Leben. Zum wahren leben. Zum bewußten leben. Ich meine, erst derjenige, der den Tod in sein Dasein integriert, versteht wirklich zu leben.

Da gibt es die Geschichte von dem *Zen*-Mönch Komo, der vor 1700 Jahren lebte. Diese Geschichte ist ein schönes Beispiel dafür, wie der Mensch erst angesichts des Todes sein wahres Leben begreift, zur Erleuchtung gelangt. Ich will dir diese Geschichte erzählen.

Komo hatte nach stundenlangem Angeln endlich einen Fisch gefangen. Mein Gott, wie sein Magen knurrte! Hocherfreut trug der Mönch die Beute in seine Hütte. Als er sich einen Moment draußen zu schaffen machte – schwupp, da hatte die Katze den fetten Fang verzehrt. Zorn übermannte Komo, er griff nach dem Schwert und hieb die Katze in zwei Stücke.

Doch schon nach kurzer Zeit überkam den Mönch grenzenlose Trauer. Was hatte er getan? Könnte er die furchtbare Tat doch bloß ungeschehen machen! Und dann geschah etwas Seltsames: Überall wo Komo sich aufhielt, hörte er das Miauen seiner geliebten Katze. Das klägliche Wimmern verfolgte ihn Tag und Nacht. Und es nützte auch nichts, wenn er sich die Ohren zuhielt.

Am Rande des Wahnsinns machte sich Komo schließlich auf den Weg zu seinem alten Meister. Der Roshi hörte sich geduldig die Leidensgeschichte seines Schülers an. Und ganz gelassen sagte er dann: »Gegen deine Krankheit gibt es nur ein einziges Mittel: *hara kiri*. Nimm dein Schwert und töte dich. Sobald dir die Klinge in den Leib stößt, werde ich dir den Kopf abschlagen, damit du nicht leiden mußt.«

Zögernd zog Komo sein Schwert, senkte den Kopf, setzte die blitzende Klinge tatsächlich an den Leib. Auch der Roshi zog weitausholend sein Schwert. Komo schloß die Augen. Da hielt ihn die Stimme des Meisters zurück: »Einen Moment noch, Komo! Hörst du immer noch das Miau?«

Verwundert schüttelte der Mönch den Kopf. »Nein, seltsam, jetzt ist es weg.« Darauf der Roshi: »Dann nimm dein Schwert und geh nach Hause. Du bist geheilt.« Und wie zu sich selbst sagte der Meister: *»Daraus solltest du lernen, deine Probleme immer so zu betrachten, als müßtest du im nächsten Augenblick sterben. Du wirst sehen, dann gibt es keine Probleme mehr.«*

Siehst du nun ein, daß der Tod dein Freund ist? Mach dir also immer bewußt, daß dein Leben eines Tages zu Ende sein wird. Dann lösen sich alle deine Sorgen und Nöte in Luft auf. Was du für wichtig hieltest, ist dann auf einmal total unwichtig.

Diese Tatsache, finde ich, können wir uns gar nicht oft genug ins Gedächtnis rufen. Der bekannte Psychotherapeut und Begründer der Psychosophie, Dr. Achim Seidl, sagt dazu: »Für einen, der spätestens ab der Lebensmitte ... nach und nach gelernt hat, mit dem Tod auf du zu stehen, ist jeder Tag ein guter Tag – um zu leben oder auch um zu *sterben*. Freundlicher gesagt: um in die Verwandlung einzugehen.«

»Der Tod ist kein Abschnitt des Daseins,
sondern nur ein Zwischenereignis, ein
Übergang aus einer Form des endlichen
Wesens in eine andere.«

(Wilhelm von Humboldt)

Es interessiert dich nicht im geringsten, wer oder was du gestern warst. Dich interessiert nur ganz alleine, wer oder was du in diesem Augenblick bist. In diesem Augenblick, der für dich die totale Wende in deinem Leben bedeuten kann.

Du nimmst dich in diesem Augenblick ohne jegliche Einschränkung an. Du gibst deine tiefe innere Zustimmung zu dem, was du bist und wer du bist. Ob du gesund oder krank, jung oder alt, groß oder klein bist. Ob du schüchtern oder von dir eingenommen bist. Ob du glücklich oder traurig bist. Ob du unter deinem Ehrgeiz, deiner Unzufriedenheit oder deinem Besitzstreben leidest. Ob du dich unsicher, klein und hilflos fühlst. Ob du Probleme mit deinem Partner, deinen Kindern, deinen Eltern, deinem Chef hast:

Egal, was du in diesem Moment bist. Du sagst ja zu diesem Menschen, der du in diesem Moment bist. Du willst gar nicht anders sein, wie du im Augenblick bist.

Keine leichte Sache, meinst du? Sicher, mein Freund, aber bedenke doch: Deine Selbstbejahung hängt doch ganz alleine von dir ab! Du brauchst doch nur dein Einverständnis zu geben, brauchst dein So-Sein in diesem Augenblick doch nur *zuzulassen*.

Selbst wenn du irgendwann irgend jemandem Unrecht getan hast: *Du mußt in diesem Augenblick total mit dir einverstanden sein. Du mußt dich und dein So-Sein bejahen!* Du mußt dir sagen: Ich bin, der ich bin. Gott hat mich geschaffen. Ich selbst bin nicht in der Lage, über mein Geschick zu bestimmen. Ich will in diesem Augenblick Gott die alleinige Entscheidung über mich überlassen. Alles was war, mußte so sein. Alles was war, sollte so sein.

Was nützt es dir, dich selbst zu verachten, dich vielleicht sogar zu hassen? Nichts. Nicht das geringste. Damit verstrickst du dich nur immer tiefer in deine Fehlhaltungen. Wenn du herausfinden willst aus den Wirrnissen deiner Existenz, hilft dir nur eins: *Das totale Ja zum Leben, das totale Ja zu dir selbst.*

Denn nur dann, wenn du in Harmonie, im Einklang mit dem großen Ganzen bist, kann dir Erleuchtung widerfahren. Kann sich dein Leben tatsächlich von einer Minute zur anderen ändern.

Wir wollen hierzu noch einmal Alan Watts, den großen Philosophen Kaliforniens, zu Wort kommen lassen. Er sagt:

»Die heilende und befreiende Kraft dieser Selbstbejahung steht derart im Widerspruch zu unserer alltäglichen Vernunft, daß ihre Macht auch dem Psychotherapeuten, der sie immer wieder beobachtet, unheimlich erscheint. Denn durch die Selbstbejahung wird die Integrität und Verantwortlichkeit des kranken Geistes wiederhergestellt, indem sie ihn von jedem radikalen Zwang befreit, etwas zu sein, was er nicht ist.«

Ich weiß aus Erfahrung, daß Selbstbejahung tatsächlich ›Wunderheilungen‹ zustande bringt. Werde zum Spielball des *Göttlichen*. So wirst du fähig sein, dich künftig ›unbewegt zu bewegen‹, wie es die alten *Zen*-Meister formulieren. Du bewegst dich innerhalb dessen, was dir vom *Göttlichen* zugedacht ist. Ab sofort gibt es für dich keine Gefühle der Schuld mehr. Nur Harmonie, Freiheit, Frieden, Glückseligkeit.

> »Für Gott ist alles schön und gut und recht. Nur die Menschen sind der Meinung, das eine sei recht, das andere unrecht.«
>
> (Heraklit)

Es gibt keine Reue mehr

Wenn du dich und dein Leben selbst bejahst, dann stehst du auch zu deinen Fehlern, deinen Niederlagen, deinem Unglück, deinem Leid. Auch wenn dich gerade der schlimmste Schicksalsschlag getroffen hat: Du bist der, der du in diesem Augenblick bist. Du bist die Summe all dessen, was dir in diesem Leben an Gutem und Bösem widerfahren ist, was du selbst an Gutem und Bösem getan hast.

Dies alles bist du, und du bist bereit, es in diesem Augenblick so zu akzeptieren, wie es nun einmal geschehen ist.

Erleuchtung ist, anzunehmen, was ich bekomme, was mir zugedacht ist, Erleuchtung ist, nichts zu hoffen, nichts zu wünschen, sondern zufrieden zu sein mit dem, was ist. Von nun an sagst du *ja* zu dem, was dir zugedacht ist. Du brauchst dir ab sofort keine Sorgen mehr zu machen, wenn du dem, was ohnehin auf dich zukommt, dein Einverständnis gibst.

Dann gibt es auch keine Reue mehr über Vergangenes. Alan Watts, dem es wohl wie keinem anderen gelungen ist, uraltes östliches Denken mit den Erkenntnissen des Abendlandes zu verbinden, sagt zur Selbstbejahung:

»So unwahrscheinlich es klingen mag, diese bestürzende moralische Freiheit ist die Basis jeder geistigen und seelischen Ganzheit, vorausgesetzt, wie hinzugefügt werden muß, daß sie nach keinem Ergebnis strebt. Doch eine so vollständige Bejahung schließt auch dieses Streben ein, mitsamt allem Tun und allen Gefühlen, die man im Augenblick durchlebt.

Die scheinbar extreme Passivität dieser Bejahung ist jedoch schöpferisch, weil sie uns erlaubt, ein Ganzes zu sein, also von ganzem Herzen gut oder schlecht, gleichgültig oder bloß verwirrt zu sein. Um schöpferisch zu handeln und zu wachsen, müssen wir dort beginnen, wo wir eben stehen. *Wir können aber gar nicht beginnen, wenn wir ohne Vorbehalt und ohne Reue nicht ›ganz hier‹ sind.* Wenn uns Selbstbejahung fehlt, kommen wir nie klar mit unserem Ausgangspunkt, zweifeln wir immer an dem Boden, auf dem wir stehen, und sind so uneins mit uns selbst, daß wir nicht aufrichtig handeln können.«

Du weißt jetzt: Selbstbejahung, die *totale* Selbstbejahung ist die Voraussetzung für die Erleuchtung. Ab jetzt bist du uneingeschränkt mit dir einverstanden. Du weißt, es hängt alleine von deinem Entschluß ab, ob dein neues Leben Wirklichkeit werden kann.

Wirf alles, was man dir früher einmal zu diesem Thema sagte, leichten Herzens über Bord. Wie alten überflüssigen Ballast, den du schon viel zu lange mit dir herumgeschleppt hast.

Sorgen, Kummer, quälende Gedanken sind ab sofort überflüssig. Du nimmst an, was dir zugedacht ist. Du bietest keinen Widerstand mehr, und auf einmal wird alles ganz einfach. Auf einmal erfüllt dich eine wunderbare Ruhe. Alle Wogen haben sich geglättet. Harmonie erfüllt dein ganzes Wesen. Du bist im Einklang mit dem großen Ganzen. Es gibt nichts, woran es dir mangeln würde. Denn du gibst zu allem dein Einverständnis. *In diesem Augenblick beginnt dein neues Leben!*

Dem größten Sünder steht der Weg zur Erleuchtung offen. Auch aus einem Saulus wurde ein Paulus, in dem Moment, in dem er sich der göttlichen Gnade überantwortete. Ich meine: Der Sünder wird sogar aller Wahrscheinlichkeit nach sehr viel eher Erleuchtung erlangen als der selbstgefällige Puritaner, der sich im Glanz seiner Tugendhaftigkeit sonnt und mit dicken Scheuklappen durch dieses Dasein läuft.

»Lösche die Lampen aus, mein Herz, die Lampen deiner einsamen Nacht!
Der Ruf ist an dich ergangen, deine Türen zu öffnen, denn das Morgenlicht ist draußen.
Laß die Laute im Winkel liegen, mein Herz, die Gefährtin deines einsamen Lebens!
Der Ruf ist an dich ergangen, schweigend hinauszutreten, denn draußen singt der Morgen seine eigenen Lieder.«

(Rabindranath Tagore)

Komm mit auf diese Reise mit mir. Wir versuchen es beide einmal, ja? Wir lassen alles zurück auf dieser Reise, was vernünftig ist. Hat uns denn die Vernünftigkeit bisher weitergebracht? Nein, sie hat uns nicht weitergebracht, wenn wir beide ehrlich sein wollen.

Du weißt nicht, was Leben ist. Ich weiß nicht, was Leben ist. Es gibt auf keine Frage eine Antwort. Der weise Mensch sagt: »Eine Rose ist eine Rose ist eine Rose ...« Was bedeutet: Fragst du, was eine Rose ist, dann antworte ich dir: »Eine Rose ist eine Rose.« Hast du dann noch ein ›Warum‹, dann antworte ich dir: weil eine Rose eine Rose ist.

Mich interessiert nicht, warum eine Rose eine Rose ist. Ich frage nicht danach, warum sie gerade jetzt blüht oder wie viele Blütenblätter sie hat. Ich schaue die Rose an und finde sie schön. Warum sollte ich also Fragen haben? Eine Rose ist eben eine Rose. *Mir* genügt das. Und es sollte auch dir genügen. Es lebt sich einfach besser mit weniger Gepäck im Rucksack!

Ich weiß, daß ich bin. Aber ich werde niemals wissen, warum ich bin. Und ich werde niemals wissen, warum ich *so* bin, wie ich bin. Was folgert der Weise? Ich bin einfach nur der, *der ich bin*. Und ich stelle keine weiteren Fragen mehr.

Und nun paß auf: *Leben ist einfach Ereignis.* Kannst du mit diesem Satz etwas anfangen? Leben plätschert dahin, wie der Bach dahinplätschert. Eine Rose ist eine Rose, und du bist der, der du bist. Und das Leben ist einfach nichts weiter als – das Leben.

Leben ist einfach.

Leben kann nicht anders sein, als es *ist*. Du kannst diesen Augenblick nicht mehr verändern. Dieser Augenblick *ist*. Du kannst den nächsten Augenblick verändern. Aber bist es wirklich *du*, der ihn verändert?

Du triffst eine Entscheidung. Nun gut. Ich frage dich jetzt: Was ist eine Entscheidung? Du weißt es nicht. Du triffst einfach eine Entscheidung und weißt nicht, wie du das anstellst. Trifft diese Entscheidung vielleicht dein Kopf? Nun gut, also dein Kopf. Dein Kopf fällt eine Entscheidung. Ist diese Entscheidung richtig? Da gibt es also noch eine Kontrollmöglichkeit. Einen Kontrolleur, der die erste Entscheidung kontrolliert. Moment mal: Und wer kontrolliert die neue Entscheidung des Kontrolleurs? Ein Oberkontrolleur?

So kommen wir also nicht weiter. Aber jetzt paß auf: Du entscheidest dich spontan und ohne zu wissen, *wie* du es tust. Du tust es ebenso wie der Vogel dort drüben auf dem Baum, der zu singen beginnt. Weiß der Vogel, warum er singt?

Alan Watts sagt es noch deutlicher: »Deine Entscheidung ist wie ein Aufstoßen nach einer Zwiebelsuppe. Es geschieht einfach. Du kannst es nicht verhindern ...« Also: Die Entscheidung, deine Entscheidung *geschieht einfach*. Sie geschieht spontan. Spontan – was heißt das? Ich werde es dir verraten: Spontan heißt – *von selbst*.

Deine Entscheidung geschieht *von selbst*? Genau so ist es, mein Freund. Nicht du entscheidest. Und der Nachbar, der dir gerade seine Entscheidung mitteilt, der weiß auch nicht, wie *seine* Entscheidung zustande kam. Auch hier geschah seine Entscheidung *von selbst*.

Und was folgern wir daraus? Eine Entscheidung geschieht *von selbst*. Eine Rose ist eine Rose. Eine Entscheidung ist einfach nichts weiter als eine Entscheidung. Und das Leben ist das Leben. Was sonst?

Das kommt dir jetzt sicher schrecklich blöde vor. Das sei, meinst du, doch *viel zu einfach*. Du überlegst jetzt einen Augenblick, fängst lauthals zu lachen an und wirfst ein: »Ja, wenn das Leben *so* einfach wäre ...!«

Und nun höre: *Es ist so einfach!* Sehr viel einfacher, sehr viel unkomplizierter, als du dir das jemals vorgestellt hast. *Alles ist einfach Ereignis*. Und du strampelst dich ab und kämpfst und schimpfst und ärgerst dich den lieben langen Tag. Du machst Pläne und hast Hoffnungen und machst immer wieder neue Pläne ...

Und jetzt soll *alles einfach Ereignis sein*? Sozusagen ohne Sinn und Verstand? Ohne Sinn, ohne Logik und Vernünftigkeit, mein Freund! Nimm es hin oder nimm es nicht hin. Ärgere dich oder freue dich. Diese Erkenntnisse sind Tausende von Jahren alt, und die weisen Menschen dieser Welt haben sie für sich erfahren. Sicherlich: *Du* brauchst diese Erkenntnise vielleicht nicht . . .

Alles ist einfach Ereignis. Alles *ist* – diese unfaßbare Wonne des *es ist*, wie es die alten Weisen formulierten! Erleuchtung ist *ja* zu sagen zu dem, was *ist*. Erleuchtung ist alles so zu nehmen, wie es gerade *kommt*. Erleuchtung hat nichts mit Logik zu tun und nichts mit Sinn: Du überläßt alles dem *es*. Du bist mit allem einverstanden, was dir dieses *es* schickt.

Dein Geist *ist*. Jede Frage, die du stellst, um hinter das Geheimnis deines Geistes zu kommen, kannst du dir sparen. *»Geist ist nichts denn die Berge, nichts denn die Flüsse und nichts denn die weite Erde«,* heißt es in einer alten *Zen*-Schrift. Und weiter: *»Geist ist nichts denn die Sonne, der Mond und die Sterne.«*

Geist ist, was du siehst. Du bist, was *ist*. Du bist *es*. Ich bin *es*. Und alles ist *es*. *Es* allein *ist*. Und da ist nichts, das nicht *es* ist.

> »Es gibt ein Wesen unbegreiflich, vollkommen, vor Himmel und Erde entstanden. So still, so gestaltlos!
> *Es* allein beharrt und wandelt sich nicht. Durch alles geht *es* und gefährdet sich nicht.
> Man kann *es* ansehen als der Welt Mutter.
> Ich kenne seinen Namen nicht.
> Bezeichne ich *es*, nenne ich *es*: *Tao*.«
>
> (Laotse)

Erleuchtungserlebnis in der Nacht

Eine Teilnehmerin von *Psycho-Training* schrieb uns, wie sie urplötzlich ein beglückendes Erleuchtungserlebnis hatte:

»Es war an einem Sonntagabend. Den ganzen Tag hatte ich mich mit *Psycho-Training* beschäftigt. Aber da war eine Hürde:

Es ging darum, mich so anzunehmen, wie ich gerade war. Mir gelang es, andere Menschen zu akzeptieren mit all ihren Schwächen und Gebrechen, mit ihrem Haß und ihren Unzulänglichkeiten. Ich konnte plötzlich selbst meine Widersacher ›lieben‹. Ich konnte sie mögen, sie gern haben. Das alles war Sache der Einsicht.

Aber mich selbst annehmen – so, wie ich jetzt gerade bin? Mit diesem Gedanken, mit diesen Zweifeln schlief ich ein. Und irgendwann nach Mitternacht lag ich plötzlich hellwach in meinem Bett. Und es war, als würden mich hundert kleine Blitze durchzucken.

Ich hab's, schrie es in mir auf. Ich hab's! Ich bin die, die ich bin – ich bin diejenige, die das Göttliche will. *Genau so will mich das Göttliche haben. Genau so, wie ich jetzt in diesem Augenblick bin!*

Ich kann ja niemand anderer sein als die, die ich jetzt bin! Ich brauche ja nur mit diesem einen Augenblick hier, mit mir, wie ich in diesem Augenblick bin, einverstanden zu sein. Ich muß nicht auf irgendeine gute Gelegenheit warten, auf irgendeine ganz tiefe Meditation. Ich muß einmal ganz einfach über meinen Schatten springen und mich akzeptieren, mich annehmen, wie ich gerade jetzt bin.

Das ist es! Ich bin, die ich bin! Ich muß ja gar kein anderer Mensch werden! Ich muß nicht besser, göttlicher, frommer werden. Nichts von alledem!

Und noch einmal und immer wieder: Das Göttliche will mich so, wie ich jetzt gerade bin. Mich als Sünderin, mich als kleine Trinkerin. Ach ja, was habe ich schon alles angestellt. Ich habe meinen Mann betrogen, ich ging nicht in die Kirche, ich habe niemals richtig gebetet, ich war nicht immer gut zu meiner Tochter. Ich hatte Sex mit mir selbst – Selbstbefriedigung, wie man so schön sagt – und genoß es auch noch. Ich wollte immer nur Geld verdienen, Geld haben, anstatt es den Armen zu geben ...

Das Glücksgefühl in meiner Brust war unbeschreiblich. Ich *wußte* auf einmal: Ich brauche keine Heilige zu werden, um in jenen Bewußtseinszustand zu gelangen, den man seit jeher als ›Erleuchtung‹ bezeichnet.

Erleuchtung ist ja nichts weiter als Einsicht. Jene Einsicht: Ich will so sein, wie ich jetzt gerade bin. Keine Tugend, keine Moral, keine Vorschriften mehr! Keine Belehrungen mehr und keine Strafen, die mich für meine angeblichen Sünden treffen könnten. Und was die Leute reden? Mein Gott, wie egal mir das jetzt ist ...

Ein neues Leben – schlagartig. Wie ein Blitz durchschoß es mich! Erleuchtung? Gewiß, irgend so etwas. Ich kann Ihnen nur mitteilen: *Es war unbeschreiblich schön!* Ich will nun alles so, wie es ist, wie es kommt. Ich will alles annehmen und alles, alles lieben. Nichts *kann* ja anders sein als es ist!

Gott im Himmel, ich habe dich gefunden!«

Du bist der Wahrheit auf der Spur

Du bist nun der Wahrheit auf der Spur. Laß sie also getrost anbranden, die Wogen des Schicksals. Du wirst es jetzt in vielen Dingen leichter haben als andere. Aber du wirst auch mitunter auf Unverständnis stoßen. Du spürst, du befindest dich auf einer ganz anderen Ebene. Das sollte dich nicht hochmütig, nicht überheblich machen!

Begegne dem Unverständnis, dem Kopfschütteln der anderen nicht mit Feindseligkeit. Wenn sie über dich lächeln, dann drückt sich doch oft nur die Hilflosigkeit dir gegenüber aus. Vielleicht können sie ganz einfach nicht verstehen, warum du so gelassen, so heiter, so friedfertig und so glücklich bist. Und dies, obwohl du vielleicht krank bist oder sonst irgendwelche großen Probleme hast. Deine Mitmenschen vermuten hinter deinem Gottvertrauen ein großes Geheimnis.

Und dabei ist alles so einfach. Nur – wer glaubt das schon, der nicht selbst die Erfahrung gemacht hat, der sich nicht selbst auf den Weg begeben hat. Du selbst mußtest das Tal des Leides, der tausend Plagen und Nöte durchschritten haben, ehe du reif warst für diesen Weg der Verwandlung. *Es ist eine Gnade, daß dich das Schicksal auf diesen Weg geführt hat.*

Du wirst nun nie mehr ganz von diesem Weg der Wahrheit abkommen können. Es wird dir dann wie dem Bären gehen, der einmal vom köstlichen Honig genascht hat. Es ist wie eine Sucht, wie eine Droge. Nur mit dem Unterschied, daß dir diese ›Droge‹ nicht schadet. Daß sie dich nicht abhängig macht, sondern daß sie dir eine ungeahnte Freiheit vermittelt.

Sicher: Es wird noch tausend und abertausend Sorgen, Ängste, Nöte und Probleme in deinem Leben geben. Jedoch: Du gestattest ihnen da zu sein. Denn du weißt ja jetzt: Sie gehören *dazu*! Und im Augenblick des Akzeptierens verlieren sie an Bedeutung, leidest du nicht mehr.

Du lebst nun meditativ. Das bedeutet: stets bereit zu sein, das Unfaßbare, ja die Hölle selbst zu ertragen. Karlfried Graf Dürckheim sagt: »Du mußt in der Lage sein, selbst das Unannehmbare anzunehmen.« *Du bist jetzt dazu bereit, auch das Unannehmbare anzunehmen, ohne innerlich daran zu zerbrechen.* Den Tod eines geliebten Menschen beispielsweise. Oder das Verlassenwerden. Oder eine lebensbedrohende Operation ...

Nimm an – und du wirst verwandelt werden. Nicht mein Wille, dein Wille geschehe ...

Jetzt verstehst du vielleicht auch zum allerersten Mal, was Christus für uns, für dich, für mich getan hat: Er war bereit, selbst den Tod anzunehmen, sich unschuldig ans Kreuz schlagen zu lassen. Er hat uns vorgelebt, was es heißt, selbst das Schrecklichste anzunehmen. Und er hat dadurch die Welt verändert.

Du lebst nun meditativ. Das bedeutet: Du stellst keine Fragen mehr. Du weißt ja, es gibt keine Antwort. Meditativ zu leben heißt aber auch: Alles zu lieben, alles zu verstehen, alles zu verzeihen. Und meditativ zu leben, bedeutet: *Der Gnade Gottes teilhaftig zu werden. Seine Gnade ist überall. Du mußt dich ihr nur öffnen, mußt bereit für sie sein!*

Dein Leben hat sich verändert und es wird sich noch weiter ändern. Du befindest dich auf dem Weg, der ein steter Lernprozeß ist, solange du auf dieser Erde weilst. Du hast dich entschieden für diesen Weg. Freu dich über dein einmaliges, unverwechselbares Leben! Erkenne das Wunder, das es ist. Und danke deinem Schöpfer dafür, daß er es dir geschenkt hat.

»Sieh, wie alles so still ist
drüben in der Unendlichkeit,
wie leise ziehen die Welten,
wie still schimmern die Sonnen!
Der große Ewige ruht wie eine Quelle,
mit seiner überfließenden unendlichen Liebe
mitten unter ihnen und erquickt
und beruhigt alles.«

(Jean Paul)

Wer Liebe sät, wird Liebe ernten

Fang an, die Welt zu lieben, so, wie sich diese Welt dir zeigt. Fang endlich an damit, und es wird sich eine große Wandlung in dir vollziehen. Fang an, die Welt zu lieben, und sie wird dich wiederlieben. Wenn vielleicht auch noch nicht heute, so doch morgen oder übermorgen.

Sei einverstanden mit allem, was geschieht. Sei auch einverstanden mit allem, was gewesen ist. Du weißt doch, daß nur das totale Einverständnis mit deinem Leben dir Ruhe, Frieden, Heiterkeit, Seligkeit bringt.

Seit Jahrtausenden versuchen die Menschen einen Ausweg zu finden aus dem Leid. Sich des ohnmächtigen Gefühls zu entledigen, dem Schicksal ausgeliefert zu sein. *Es gibt nur einen Weg aus dieser Bedrängnis: Indem wir unseren Widerstand aufgeben, indem wir das annehmen, was ohnehin geschieht, befreien wir uns von den Fesseln unserer Ängste und Nöte. Ermöglichen wir die große Transformation.*

Werde eins mit Gott. Werde eins mit deinem Leben. Sei dir bewußt, daß alles eines Ursprungs ist. *Liebe* alles – auch das, was du nie zuvor zu lieben vermochtest. Dann pulsiert dein Blut wärmer, ›freudiger‹ durch deine Adern. Dann leuchten deine Augen, und deine Wangen bekommen einen rosigen Schimmer.

Ein von Liebe erfüllter Mensch ist ein glücklicher Mensch. Ein Mensch mit faszinierender ›Ausstrahlung‹, dem alles gelingt, der sogar nach den Sternen greifen kann. Ein beneidenswerter Mensch, der die Gesundheit an Leib und Seele für sich gepachtet zu haben scheint.

Liebe deine Nächsten, auch wenn er dich beleidigt hat oder dir vielleicht sogar zu schaden versuchte. Tu es nicht nur deswegen, weil es der einzige Weg ist, andere von ihrem Unrecht zu überzeugen. Sondern weil es auch für dich selbst das Beste ist.

Mach dir klar: Es liegt allein an dir, die Ketten deiner Gefangenschaft abzuwerfen. Niemand ist da, der dir auch nur eine einzige Vorschrift zu machen hätte! Nur Gott, sein Wille zählt: »Ich will, was Er mir schickt.«

Vergib jenen, die dir Böses angetan haben. »Herr,

vergib uns unsere Schuld, wie auch wir vergeben unseren Schuldigern«, heißt es im Vaterunser. Schluß also mit den Gedanken der Rache, des Hasses. Nur durch die Liebe kannst du die Welt verwandeln, niemals aber, indem du Gleiches mit Gleichem vergiltst. Solange du haßt, wirst auch du selber nichts als Haß ernten.

Verbreite Liebe, mein Freund! Fang du damit an. Einer muß ja den Anfang machen. *Du* bist es, der dieses Buch in die Hand bekommen hat. Nicht dein Partner, dein Vater, deine Mutter, dein Nachbar... Du bist mit dem Inhalt dieses Buches konfrontiert worden – also ziehe auch bitte die Konsequenzen daraus!

Mach den Anfang, mein Freund! Auch wenn du zunächst noch über deinen Schatten springen mußt. Aber immer deutlicher und immer häufiger wirst du es dann spüren, daß dich dieses Gefühl der allumfassenden Liebe im Einklang mit dir selbst sein läßt. Es macht dein Herz weit und frei.

Jedesmal, wenn es dir gelingt, über deinen Schatten zu springen, spürst du, wie dich ein Gefühl des Glücks, der Wärme erfüllt. Es ist ein unbeschreiblich gutes Gefühl. Möchtest du das noch einmal vermissen?

Säe Liebe in diese Welt, so oft es dir möglich ist. Und du kannst gewiß sein, daß diese Saat eines Tages aufgehen wird. Auch wenn du es immer wieder von neuem versuchen mußt, wenn du mit dir selbst Rückschläge erleidest: Laß nicht nach in deinem Bemühen! Wenn du die Welt, die Menschen verändern willst, dann mußt du bei dir selbst beginnen.

Wenn du dich nach Liebe sehnst, dann mußt du Liebe geben, ohne Gegenliebe zu erwarten. Sie wird sich einstellen, sei gewiß. Habe Mut und Vertrauen! Du bist ja jetzt auf dem richtigen Weg. Du spürst es doch selbst. Tief drinnen in dir ist etwas erwacht, das dich wärmt, das wie ein Strom in dir pulsiert, das dich unabhängig, frei, unendlich reich und sehr, sehr glücklich macht.

»Gott ist nahe, wo die Menschen einander Liebe zeigen.«

(Pestalozzi)

Laotse – auf dieser Abbildung im Gespräch mit dem chinesischen Weisen Kung Dsi – war für viele Menschen eine Quelle der Kraft, die ihnen zu Klarheit und Zuversicht verhalf.

Nachwort

Wer das vorliegende Buch bis hierher gelesen hat, bekam einen kleinen Vorgeschmack auf den umfassenden Fernlehrgang *Psycho-Training*. Dieser große Heimkurs umfaßt 40 Wochenlektionen.

Zu jeder der 40 Lektionen gehören die wichtigen ›Heilenden Formeln‹ – suggestive Übungssätze – die von den Kursteilnehmern auch selbst auf Band gesprochen werden können. Auf diese Weise haben Sie die Möglichkeit, die gerade für Sie in Ihrer derzeitigen Situation wichtigen Suggestionen tief ins Unterbewußtsein sinken zu lassen. Von hier mobilisieren die ›Heilenden Formeln‹ seelische Kräfte, die Sie über sich selbst hinauswachsen lassen können. Die Ihnen helfen, die mannigfachen Schwierigkeiten des Daseins fast spielerisch zu meistern. Dank *Psycho-Training* und seiner praktischen Übungsanleitungen finden Sie immer rasch wieder zur inneren Mitte und damit zur Harmonie zurück.

Psycho-Training, der große Lebenshilfe-Kurs, vertieft mit seinem umfangreichen Material die Denkanstöße, die das vorliegende Buch zu vermitteln versucht.

Mit seinen Merksätzen – formelhaften Vorsätzen für das tägliche Training – seinen Erfolgskontrollbogen, ergänzenden Betrachtungen zur Thematik der einzelnen Lektionen, seinen Meditationsanleitungen, Weisheiten östlicher und westlicher Philosophie und den wichtigen Literaturangaben ist er ein Ratgeber von unschätzbarem Wert für ein ganzes Leben. Ein Freund, der an Ihrer Seite ist, wann immer Sie ihn brauchen.

Wer den Heimkurs *Psycho-Training* besitzt, »weiß um das Geheimnis, seine Seele fröhlich zu stimmen«, wie Medizinaldirektor Dr. med. O. Hammer begeistert urteilt.

Immer mehr Ärzte, Heilpraktiker, Psychotherapeuten und Theologen empfehlen den Heimkurs *Psycho-Training*.

Heilpraktiker Hans Höting aus Bremen, wohlvertraut mit fernöstlicher Philosophie und Naturheilkunde, urteilt über den Kurs:

»Viele spüren, daß ihr Leben anders verlaufen könnte. Sie wissen nur nicht, wo sie anfangen können. Um ein Haus zu bauen, dazu bedarf es einer Zeichnung. Um im unwegsamen Gelände zum Ziel zu kommen, dazu bedarf es eines klaren Planes. Und eben einen solchen Plan muß man jenen an die Hand geben, die das unwegsame Gelände ihres Lebens zu einem angestrebten Ziel durchqueren möchten. Es gibt Bücher, die man lesen kann: Murphy, Norman Vincent Peale, Dale Carnegie, Koppmeyer, Napoleon Hill – wer kennt nicht diese Namen? Sie geben sicherlich manche gute Lebenshilfe. Aber sie haben einen Nachteil: Sie behandeln immer nur einen Teilaspekt jener Wendung, die wir vollziehen müssen, um unser Leben erfolgreich und glücklich zu gestalten.

Ich habe lange nach solch einer Hilfestellung gesucht. Und ich kann heute mit voller Überzeugung sagen, daß ich solch einen Weg entdeckt habe. Dieser Weg heißt *Psycho-Training* von Gerhard Ritter. Es ist ein Fernkurs, was an sich schon angenehm ist, da er uns die Wahl läßt, unsere Zeit nach Belieben einzuteilen. Aber das Besondere an diesem Kurs ist, daß er uns nicht nur hinführt zu den Grundbegriffen von Glücklichsein und Erfolg, sondern, daß er uns auch lehrt, mit diesem Glück und mit diesem Erfolg weise umzugehen. Weise umzugehen im Sinne jenes Bibelwortes, das sagt: ›Was hülfe es mir, daß ich die ganze Welt gewönne und verlöre doch meine Seele dabei.‹

Es ist uns doch nicht damit gedient, daß wir uns jetzt auf Erfolg trimmen lassen, sozusagen ein geistiges Jogging-Training beginnen, um dem Leben den materiellen Erfolg abzujagen. Wie leer und fad müßte dabei das Leben bleiben. Erfolg hat immer zwei Seiten: eine materielle und eine geistige. Wenn das Geistige nicht zum Materiellen kommt, ist der Erfolg unvollkommen, schal. Wir verstehen ihn nicht. Wir wissen nichts mit ihm anzufangen. Und eben diese Lücke schließt der Kurs *Psycho-Training. Psycho-Training* führt uns Schritt für Schritt an das Wissen um Erfolg und Glück heran. *Psycho-Training* fragt durch entsprechend eingebaute Fragebogen immer wieder nach Absolvierung von Teilstrecken ab, damit sich jeder prüfen kann, ob er die bisherigen Ziele auch erreichte. *Psycho-Training* gibt Literatur-Hinweise, so daß man das Wissen vertiefen kann. Der Kursabsolvent wird während der ganzen Zeit seines Studiums intensiv betreut.

Schon tausende Absolventen erarbeiteten sich mit diesem Kurs die Grundlagen zu einem schöneren, erfüllteren Leben. Es macht Spaß, die einzelnen Lektionen durchzuarbeiten, die in einem flüssigen, lebendigen Stil geschrieben sind. Und staunend wird man dabei feststellen, wie sich allmählich der Nebel unserer Seelenblindheit löst und sich das Wissen um Lebensmeisterung und Lebenskunst herausschält. Man wird erkennen, daß es im Grunde genommen Binsenwahrheiten sind, die man beachten soll, um in Harmonie mit sich und anderen zu leben. Und es ist immer wieder erschütternd, wie wenige von uns diese Binsenwahrheiten beherrschen.«

Und so urteilt Kursteilnehmerin Elisabeth Pfisterer über den Heimkurs:
»Es muß höhere Eingebung gewesen sein, daß ich kurz nach dem Tode meines Mannes den *Psycho-Training*-Kurs bestellt habe. Ich war damals in einer äußerst schlechten seelischen Verfassung. Jede Lektion des Kurses war wie eine Offenbarung für mich und ist es auch heute noch. Meine Kopfschmerzen sind verschwunden, ich denke wieder positiv und freue mich auch wieder am Leben. Eine Lektion nach der anderen führte mich weiter aus meinem seelischen Dilemma heraus. *Psycho-Training* gab mir die Kraft, durchzuhalten.

Außerdem habe ich meistens noch die im Kurs empfohlenen Bücher dazugekauft und sorgfältig gelesen. Vor allem das Buch ›Hara‹ von Graf Dürckheim hatte es mir angetan.

Es war wie eine Offenbarung für mich, und ich mußte es gleich zweimal lesen. Die für mich wichtigsten Sätze habe ich unterstrichen bzw. am Rande markiert. Mit *Psycho-Training* hat für mich ein ganz neues Leben begonnen.«

Weitere Dankschreiben zu *Psycho-Training*:

»Mein bisheriges Ergebnis: Ich sehe und nehme alles gelassener. Meine Handlungen sind auch entsprechend harmonischer. Es stellen sich Dinge ein, die ich nicht erwarten konnte. Den begonnenen Weg werde ich weitergehen. Aus eigener Erfahrung kann ich nur vielen Menschen empfehlen, sich einem PSYCHO-TRAINING - wie von Ihnen angeboten - zu unterziehen. Dieses Angebot hat mir bisher viel gebracht.«

»Jahrelang suchte ich etwas, um ruhiger durchs Leben zu kommen. Ich probierte auch Verschiedenes. Doch solche Hilfe, wie das PSYCHO-TRAINING anbietet, fand ich nirgendwo. Ich fühle mich sehr viel besser. Viele Probleme sind verschwunden. Ich habe längst vergessene Talente wiederentdeckt. Ich kann meine Mitmenschen besser akzeptieren, so wie sie sind. Ich stelle fest, wie sich nach und nach meine Einstellung ändert. Ich habe Spaß an der Sache und freue mich auf jede neue Lektion.«

»Zuerst möchte ich mich ganz herzlich für diesen Kurs bei Ihnen bedanken. Es ist genau das, was ich schon so lange gesucht habe, die Hilfe, die Unterstützung, die ich brauche. Mit einem Wort: sagenhaft! Ich bin begeistert! Manchmal kann ich es kaum erwarten, bis die neuen Lektionen kommen.«

»Ich habe wirklich schon vieles gelesen und durchgearbeitet, aber dieser Kurs ist einmalig. Immer wenn ich am Sonntagmorgen eine neue Wochenlektion zur Hand nehme, muß ich mich sehr stark beherrschen, um nicht mehrere Lektionen gleichzeitig durchzusehen. Die Freude auf jede Lektion läßt sich nicht beschreiben. Ich wünschte, der Kurs würde nie aufhören, das ganze Leben lang, jede Woche eine ganz neue Lektion!«

Einladung zu einem besseren Leben mit PSYCHO TRAINING

Der Erfolgskurs, der auch Ihnen zu mehr Glück und Erfolg verhelfen kann

Probleme erscheinen in einem anderen Licht, Schwierigkeiten lassen sich meistern, die zuvor unüberwindlich schienen. PSYCHO TRAINING schenkt Ihnen innere Sicherheit für alle Lebenslagen. PSYCHO TRAINING zeigt Ihnen, wie Sie sogar Ihr eigener Heiler werden können

Hier ein Auszug aus Lektion 17. Er kann nur einen kleinen Vorgeschmack auf die 40 Lektionen dieses einmaligen Kurses geben, denn auch Experten bestätigen: PSYCHO TRAINING ist echte Lebenshilfe.

PSYCHO TRAINING liegen u.a. zugrunde Entspannungsmethoden wie • Das Autogene Training • Die Selbsthypnose • Die wichtigsten Weisheitslehren der Menschheit • Neueste psychologische Erkenntnisse • Die aktuellen Ergebnisse der psychosomatischen Medizin.

Das Geheimnis der Lebensfreude

Solange dieser Erdball existiert, gab es Schwierigkeiten, Haß, Streit und Leid. Aber es gab auch immer Freude und Glück. Das eine war niemals vom anderen zu trennen, und so wird es auch ewig bleiben.

Der Lebenskünstler läßt sich nicht ins Bockshorn jagen, was immer auch geschehen mag. Er weiß: In dieser Welt herrscht das Gesetz der Polarität. Ying und Yang, hell und dunkel, Liebe und Haß, Leben und Tod - es gibt das eine nicht ohne das andere.

Hier sind wir nun also - und wir sind eingeladen, an diesem großen kosmischen Reigen teilzunehmen. Jedem von uns ist sein Ende gewiß. Einmal ist dieses Spiel zu Ende. Ein Grund mehr, das Fest des Lebens zu feiern, solange noch die Lichter brennen und die Musik noch spielt!

Ein Grund mehr, Frohsinn und Freude zu suchen und - so glücklich wie irgend möglich zu sein. Unser Gastgeber gibt uns jedenfalls die Chance zum Glücklichsein. Was hindert uns also daran, sie wahrzunehmen? Stellen wir nicht so viele Fragen. Sorgen wir uns nicht um die Zukunft.

Geh hinaus in den Wald und werde eins mit der Natur - du wirst unendliche Schönheit entdecken. Lasse dich am Ufer des Baches nieder und höre seinem Rauschen zu. Schau in den Himmel und beobachte die weiße Wolke, wie sie so still und majestätisch über das blaue Firmament dahinsegelt? Fragt die Wolke den Wind, wohin er sie treibt?

Wir alle sollten von der Wolke lernen...

Du bist dein Glücksmagnet

Es gibt einen weisen Spruch der alten Sufis: „Sei bereits am Morgen glücklich, dann wirst du am Abend dem Geliebten begegnen."

Was heißt das?

Ganz einfach: Wenn du bereits am Morgen bereit bist, richtig gestimmt bist - ist deine ganz Ausstrahlung magnetisch. Du ziehst also dein Glück geradezu an.

Sei schon am frühen Morgen beim Aufstehen bereit für das Glück. Stell dich aufs Glücklichsein ein, sei ganz fest überzeugt von deinem Glück. Sei grundlos heiter. Einfach nur so. Vielleicht, weil ein Sonnenstrahl durchs Fenster fällt und goldene Kringel ins Zimmer malt. Weil deine Katze vor Wohlbehagen schnurrt oder dein Hund dir zeigt, daß er dich liebt. Vielleicht, weil ein alter Blumenstock neue Blüten zeigt oder die Luft heute lau wie Seide ist. In Abwandlung eines alten Schlagers von Marlene Dietrich solltest du bereits am Morgen vor dich hinsummen: „Ich bin von Kopf bis Fuß auf Freude eingestellt..."

Du kannst ganz sicher sein: Bis zum Abend wirst du Grund haben für deine Fröhlichkeit, für dein Glück.

Du darfst dich nur nicht irritieren lassen. Du weißt ja: Auch die Regenwolken gehören dazu. Die Erde braucht den Regen ebenso wie den Sonnenschein. Das eine ist nicht möglich ohne das andere.

Hab Vertrauen. Weiche nicht einen einzigen Zentimeter von deinem Weg ab! Sei voller Zuversicht - sonst geht dieses Spiel nicht auf. Es ist das Spiel des Lebens schlechthin. Es liegt bei dir, wie dieses Spiel verläuft: Ob du spielst „Mensch ärgere dich!" - oder ob du spielst: „Mensch freue dich!"

Laß alle Neunmalklugen mit ihrer Logik, ihrem Verstand, ihren tausend Bedenken. Das Spiel, unser Spiel funktioniert.

Wage das Experiment. Was riskierst du schon dabei?

PSYCHO TRAINING hilft, sofort Harmonie, innere Ruhe zu spüren, wieder zu sich selbst zu finden. Sorgen, Ängste, Kummer lösen sich auf. Die Einstellung zu sich selbst, zu den Mitmenschen, zur Umwelt verändert sich auf positive Weise. Probleme verlieren an Gewicht.

PSYCHO TRAINING macht Ihnen bewusst: Das Leben ist trotz allem schön. Sie gewinnen das Urvertrauen in die Schöpfung, in die Macht, die unser Schicksal lenkt, um das Dasein spielerisch meistern zu können.

PSYCHO TRAINING ist wirksame Hilfe für alle Lebenskrisen. Ist Psychotherapie, die sich jeder leisten und bequem zu Hause durchführen kann. Entdecken Sie Ihre brachliegenden Kräfte und Fähigkeiten. PSYCHO TRAINING hilft Ihnen, sie nutzbar zu machen.

PSYCHO TRAINING ist echte Ganzheitstherapie. Denn es stellt die seelische, geistige und körperliche Harmonie wieder her.

Es stimmt ja gar nicht, dass nur die Gegensätze sich anziehen. Gleiches zieht Gleiches an!
Ein Mensch, erfüllt mit frohen Gedanken, das Herz voller Zuversicht, kann gar nicht anders als das Glück geradezu magnetisch anzuziehen.
„Jede feste Vorstellung", sagt der Begründer des Autogenen Trainings, Professor J.H. Schultz, „hat die Tendenz, sich zu verwirklichen." Man sollte ergänzen: Jede feste Vorstellung hat die Tendenz, Wunder zu wirken!
Aber bitte, verwechseln wir Vorstellung nicht mit Willen. Verwechseln wir Vorstellung auch nicht mit Wunsch, mit Hoffnung. Wir haben es gar nicht nötig, zu wünschen und zu hoffen. Denn wir wissen: Uns wird gegeben, was wir bekommen sollen!
Doch wie gelingt es uns, bereits am Morgen zu dieser inneren Harmonie zu finden, dass wir tatsächlich froh gestimmt sein können, zunächst ohne Ursache?

Als Hilfsmittel finden Sie hier einen Meditationstext. Lesen Sie diesen Text täglich. Am besten, Sie schreiben ihn auf ein Kärtchen, das Sie am Badezimmer-Spiegel befestigen, damit Ihr Blick gleich morgens darauffällt.
Sorgen Sie dafür, dass Ihr Blick so oft wie irgend möglich ganz automatisch auf diese Affirmation fallen m u s s!

Ich kenne das Geheimnis des Glücks.
Frei und unbeschwert
wie eine weiße Wolke
am blauen Himmel
vertraue ich mich
der großen Urkraft an.
So viel Friede, so viel Freude.
Das ist das wahre Leben,
das wahre Glück.

INFO-Coupon

❑ Bitte schicken Sie mir gratis und unverbindlich das ausführliche Infomaterial für den Heimkurs und die Zahlung in 10 Monatsraten.
❑ Ich bestelle hiermit den Heimkurs PSYCHO TRAINING incl. 2 Sammelordnern zum Preis von nur € 306,–
❑ mit beiliegendem Scheck; oder
❑ per Nachnahme

Name, Vorname

Straße

PLZ, Ort

Datum, Unterschrift PT

An: BIO Ritter GmbH, Monatshauser Straße 8, D-82327 Tutzing, Tel.: 08158/8021, Fax: 7142.

H.-D. Bach

Erkenne die Zeichen deines Körpers

Dr. med. A. Kürten, Chefarzt des Zentrums für Traditionelle Chinesisches und Integrative Medizin der St. Hedwig Kliniken Berlin in seinem Vorwort:

„Hans-Dieter Bach praktizierte auf meiner Station zum Erstaunen der Patienten und Ärzte die Antlitzdiagnose mit verblüffender Treffsicherheit.
Die Bücher von Herrn Bach sollten in der Handbibliothek jedes Therapeuten und interessierten Hilfesuchenden vorhanden sein."

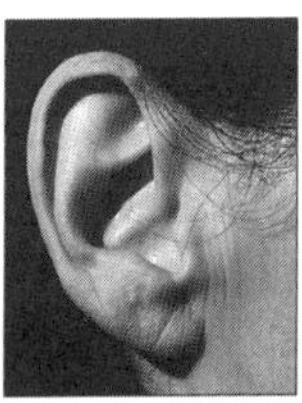

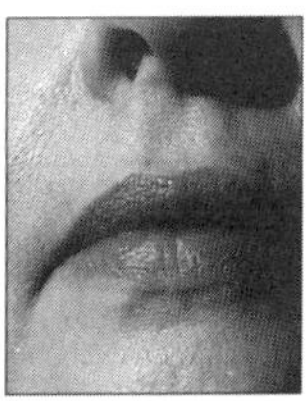

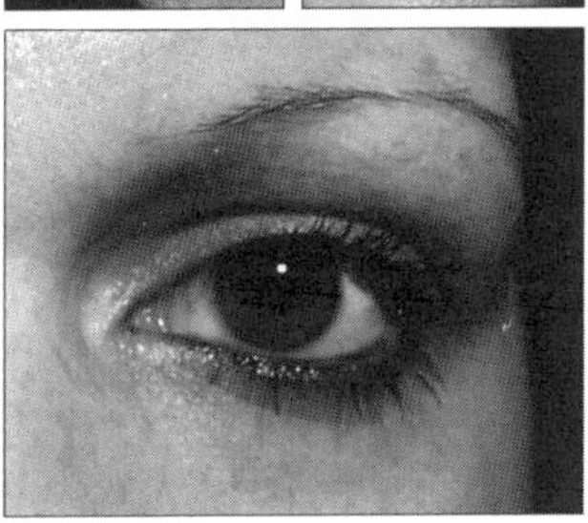

Das Äußere des menschlichen Körpers ist wie ein Atlas des gesamten Organismus. Viele Erkrankungen zeichnen sich schon Jahre vor ihrem Ausbruch deutlich sichtbar ab. Wo man diese Zeichen findet, wie man diese Zeichen deutet und was man dann mit dieser „Selbstdiagnose" tun kann, beschreibt und zeigt H.-D. Bach in eindrucksvoller Weise in seinem neuen umfangreichen Werk der Antlitzdiagnose.

Die Zeichen deines Körpers
von H.-D. Bach, 400 Seiten,
200 Farbfotos, gebunden,
BIO Ritter Verlag,
ISBN 3-920788-54-0, € 39,80

Shanti C. Wetzel

FEET READING

Was Füße über uns verraten

Seit Jahrhunderten schon ist die Handlesekunst eine beliebte Methode der Schicksalsdeutung. Der Gedanke, dass auch das Aussehen der Füße viel über unseren Charakter, über unsere Stärken und Schwächen aussagen kann, ist jedoch relativ neu.

Entdeckt und weiterentwickelt wurde er von der Schweizer Ganzheitsmedizinerin und Fußreflexzonentherapeutin Shanti C. Wetzel. Sie erkannte, dass Patienten mit ähnlichen gesundheitlichen Problemen auch in Bezug auf ihre Füße verblüffende Übereinstimmungen aufwiesen. Über Jahre hinweg fotografierte sie die verschiedensten Fuß- und Zehenformen. Analysierte wichtige Merkmale wie Form, Beweglichkeit, Hautbeschaffenheit, Farbe, Struktur und Temperatur. Und kam zu dem Ergebnis: „In den Füßen spiegelt sich unsere komplette Persönlichkeit - sowohl auf geistig-seelischer wie auch auf körperlicher Ebene. Ich brauche bloß auf die Füße eines Menschen zu schauen, um zu wissen, wen ich vor mir habe!"

Von diesem Insider-Wissen können nun sowohl Therapeuten wie auch Laien profitieren. Anhand vieler anschaulicher Abbildungen und Fallgeschichten lässt sich deutlich erkennen, welche Potenziale, aber auch Probleme und Störungen ihren äußeren Ausdruck in den Füßen finden. Diagnosen über den Gesundheitszustand, aber auch über Ängste, Blockaden und Fehlverhalten werden so selbst für den Nichtmediziner möglich.

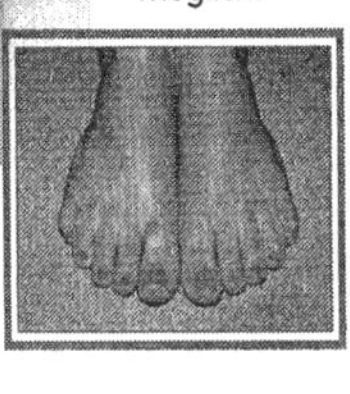

Das Feet-Reading ist damit eine der faszinierendsten Formen der Selbsterkundung. Es erleichtert Entscheidungen und steigert die Menschenkenntnis. Selbst Zukunftstendenzen lassen sich aus den Füßen ablesen. Der übersichtliche Ratgeber will aber nicht nur bei der Bestandsaufnahme und Fehleranalyse helfen. Zahlreiche Tipps und spezielle Fußübungen sorgen außerdem dafür, dass wir in jeder Hinsicht fit und vital im Leben stehen.

192 Seiten, viele Farbfotos, gebunden
ISBN 3-920788-52-4, € 22,50

SANFTE MEDIZIN BEI FLIEGE

Alles ist möglich!
Fälle, Adressen, Service

Dieser neue BIO Ritter-Ratgeber berichtet über eine Reihe der verblüffendsten Heilungsfälle aus den Gesundheitssendungen von Jürgen Fliege. Alternative Therapiemethoden wie • Ayurveda, • Tibetische Medizin und • Schamanismus kommen hier ebenso zur Sprache wie • Homöopathie, • Heilfasten oder • Kräutermedizin.

Pfarrer Jürgen Fliege, der bekannte TV-Moderator, befragte in seinen Sendungen Tausende von Gästen nach ihrem Weg der Heilung. Und hörte sich die Meinung von Experten der sanften Therapiemethoden an.

In diesem übersichtlich gestalteten und reich bebilderten Buch macht er all jenen Mut, die bisher vergeblich auf eine Besserung ihrer Leiden hofften. Denn die oft unglaublich erscheinenden Genesungen sprechen für sich. Ob Krebs, Migräne oder Neurodermitis, Asthma, Morbus Crohn oder Rheuma - es gibt kaum ein Leiden, das nicht auf alternative Weise gelindert oder gar geheilt werden konnte. Wie, das wird hier in spannenden persönlichen Geschichten erzählt.

Natürlich finden sich zu allen Behandlungsmethoden auch Adressen von Therapeuten, Therapieeinrichtungen sowie wichtige Buchhinweise. Der Ratgeber entstand in Zusammenarbeit mit der ARD, dem Ersten Deutschen Fernsehen.

191 Seiten, viele Farbfotos, gebunden
ISBN 3-920788-47-8, € 22,50